基礎から学ぶ
カウンセリングの理論

山蔦 圭輔 著
宮城まり子 監修

はじめに

　ストレス社会と呼ばれ久しい昨今、メンタルヘルスの保持・増進やメンタルヘルス低下の予防、また心理的不適応状態や精神疾患に対する支援がますます重要視されています。こうした中、カウンセリングをはじめとした臨床心理学的な支援は、心身の健康を保ちたいという社会的なニーズに応えるための有効な手段となり得ます。

　みなさんは"カウンセリング"という言葉を聞いた時、どのようなイメージをお持ちになるでしょうか？特に日本において"カウンセリング"といった場合、一義的に定義づけることは難しいと言わざるを得ません。また、カウンセリングは実践的な支援活動であることから、経験が重視される分野であり、カウンセラーとしての経験の豊富さがクライエントの問題解決を促す要因でもあります。

　このように、カウンセラーの経験や力量が肝となるものがカウンセリングであるといった認識から、カウンセリングに対して"これ"といったイメージを持ちにくいのかも知れません。そして、こうした特徴から、カウンセリングは奥が深く、カウンセラーは日々鍛錬し、自身の技量を高める努力が必要ともいえます。

　一方で、カウンセリングという営みの背景にある理論を十分に知っておくことも必要不可欠です。理論とは、一般性を兼ね備えた大多数に当ては

まる考え方です。そして、筋の通った理論を十分に理解し、自分のものにすることで、カウンセリングのプロセスにおいてカウンセラーが迷った時、その理論に立ち返って整理することができるなど、カウンセラーにとっては欠かすことができない"道具"が理論といえるでしょう。

さて、理論を"道具"と表現しましたが、カウンセラーはひとつの理論のみを十分に理解しているというよりも、より多くの理論を理解している（使える道具を持っている）ことが望ましいといえます。クライエントも多様であり、その多様性に応えるためには、多くの"道具"を持っているに越したことはありません。

本書では、カウンセリングの基本的な考え方を第Ⅰ部としてまとめ、カウンセリングで施行する心理療法とその背景にある理論を第Ⅱ部としてまとめ、心理検査法と代表的精神疾患ならびに事例を第Ⅲ部としてまとめました。各内容はカウンセラーが理解すべきスタンダードな内容です。聞きなれない言葉や難解に感じる内容もあるかも知れません。そうした時は、ぜひ、現実的な現象（われわれの身の回りで生じる人間関係の問題や、悩みなど）と照らし合わせて考えてみてください。

みなさんにとってカウンセリングがより身近な方法となり、みなさんにとってのカウンセリングのイメージが形作られることを期待しています。

目　次

はじめに………… i

第Ⅰ部　カウンセリングの概要と位置づけ　　1

第1章　カウンセリングの歴史　　3
　　第1節　カウンセリングとは ……………………………………… 4
　　第2節　心理学の歴史とカウンセリング ……………………… 10

第2章　カウンセリングの基礎　　23
　　第1節　カウンセリングの条件 ………………………………… 24
　　第2節　カウンセラーの基本的姿勢 …………………………… 31

第Ⅱ部　カウンセリングの理論と心理療法　　37

第3章　カウンセリングの実際　　39
　　第1節　カウンセリングと心理療法 …………………………… 40
　　第2節　カウンセリングの種類 ………………………………… 42
　　第3節　インテーク面接で尋ねる内容 ………………………… 47

第4章　心理療法の理論と実際　精神分析療法　　53
　　第1節　精神分析療法の基礎 …………………………………… 54
　　第2節　精神分析の理論 ………………………………………… 55
　　第3節　精神分析の方法 ………………………………………… 63

第5章　心理療法の理論と実際　来談者中心療法　　67
　　第1節　来談者中心療法の基礎 ………………………………… 68

第2節　来談者中心療法の理論 ································ *70*
第3節　来談者中心療法の方法 ································ *73*

第6章　心理療法の理論と実際　行動療法　　　*77*

第1節　行動療法の基礎 ·· *78*
第2節　行動療法の理論 ·· *80*
第3節　行動療法の方法 ·· *87*

第7章　心理療法の理論と実際　論理療法　　　*95*

第1節　論理療法の基礎と理論 ································ *96*
第2節　論理療法の方法 ·· *99*

第8章　心理療法の理論と実際　認知療法　　　*103*

第1節　認知療法の基礎と理論 ································ *104*
第2節　認知療法の方法 ·· *108*

第9章　心理療法の理論と実際　認知行動療法　　　*111*

第1節　認知行動療法の基礎と理論 ························· *112*
第2節　認知行動療法の方法 ·································· *115*

第10章　心理療法の理論と実際　ゲシュタルト療法　　　*119*

第1節　ゲシュタルト療法の基礎 ····························· *120*
第2節　ゲシュタルト療法の理論 ····························· *122*
第3節　ゲシュタルト療法の方法 ····························· *124*

第11章　心理療法の理論と実際　交流分析　　　*127*

第1節　交流分析の基礎と理論 ································ *128*
第2節　交流分析の方法 ·· *131*

第12章　心理療法の理論と実際　日本の心理療法　　　*139*

第1節　内観療法 ··· *140*
第2節　森田療法 ··· *143*

第 13 章　心理療法の理論と実際　箱庭療法とコラージュ療法　　*147*

　　第 1 節　箱庭療法とコラージュ療法の基礎……………………………*148*
　　第 2 節　箱庭療法とコラージュ療法の方法……………………………*150*

第Ⅲ部　カウンセリングの実践 ─心理検査と心理的問題　　*153*

第 14 章　カウンセリングと心理検査法　　*155*

　　第 1 節　心理検査とは………………………………………………………*156*
　　第 2 節　質問紙法……………………………………………………………*160*
　　第 3 節　投影法………………………………………………………………*165*
　　第 4 節　作業検査法…………………………………………………………*172*
　　第 5 節　その他の方法………………………………………………………*174*

第 15 章　カウンセリングで対象となる代表的精神疾患　　*181*

　　第 1 節　精神疾患とカウンセリング………………………………………*182*
　　第 2 節　精神疾患とその判断基準…………………………………………*185*

第 16 章　カウンセリングの事例　　*239*

　　第 1 節　医療従事者を対象とした短期のカウンセリング …………*240*
　　第 2 節　過食嘔吐を続ける 20 代の女性 ………………………………*247*
　　第 3 節　うつ病の診断を受けたクライエントへのカウンセリング…*254*

あとがき………… *259*
索　　引………… *261*

第 I 部
カウンセリングの概要と位置づけ

　近年、カウンセリングということばはより一般的なものとなり、カウンセリングに関する興味・関心も高まりをみせています。みなさんにとって「カウンセリング」とはどのようなものでしょうか？
　ひとことで「カウンセリング」といってもカウンセリングの成り立ちやその位置づけは多様です。カウンセリングの背景には、人間理解を志向する学問である心理学や臨床心理学、あるいはこれらの近接領域の学問など、人間に関する学問領域で培われた多くの知見が存在します。
　第I部では、カウンセリングの背景にある心理学や臨床心理学の歴史、また、カウンセリングという言葉の定義や位置づけについて紹介します。

第1章
カウンセリングの歴史

　本章では、カウンセリングとは何か、その位置づけや歴史的展開、心理学や臨床心理学との関係について考えましょう。カウンセリングの本質を理解する上で、心理学や臨床心理学、ならびにその近接領域の知識を十分に蓄える必要があります。
　さまざまな歴史的展開やカウンセリングに関する立場などを概観しましょう。

第1節
カウンセリングとは

(1) カウンセリングの定義

　一言で"カウンセリング"といっても、物品を購入する際に販売員から受けるカウンセリングや就職指導におけるカウンセリングなど、多様な"カウンセリング"が存在します。

　このような中、特に本書で扱うカウンセリングは、心理学や臨床心理学をベースとしたものです。カウンセリングの定義をみると、「カウンセリングとは、言語的および非言語的コミュニケーションを通して行動の変容を試みる人間関係である」(國分、1980)ことや、「クライエントが直面している、または直面する可能性のある顕在的または潜在的な心の問題に対処するための行動変容を心理的に支援する目的で行われるコミュニケーションである」(楡木、2005)とされています。また、日本カウンセリング学会定義委員会(2004)では、カウンセリングを以下の通りに定義づけています。

> **カウンセリングの定義（日本カウンセリング学会定義委員会、2004）**
> 　カウンセリングとは、カウンセリング心理学等の科学に基づき、クライエント（来談者）が尊重され、意思と感情が自由で豊かに交流する人間関係を基盤として、クライエントが人間的に成長し、自律した人間として充実した社会生活を営むのを援助するとともに、生涯において遭遇する心理的、発達的、健康的、職業的、対人的、対組織的、

対社会的問題の予防または解決を援助する。すなわちクライエントの個性や生き方を尊重し、クライエントが自己資源を活用して、自己理解、環境理解、意思決定および行動の自己コントロールなどの環境への適応と対処などの諸能力を向上させることを支援する専門的援助活動である。

　また、豊かな社会生活は人の主体的生き方を保証する条件であり、人の福祉に貢献する条件でもある。つまりカウンセリングは社会的環境と密接に関係しており、カウンセラーは、調和のとれた人間関係、集団、組織および社会の維持や改善など、社会環境の整備に貢献する。

そして、山蔦・杉山（2012）は、以上をはじめとしたいくつかのカウンセリングの定義を以下のようにまとめています。

1. カウンセラーとクライエントとの言語・非言語的コミュニケーションが存在する
2. カウンセリングのプロセスで生じる言語・非言語的コミュニケーションはカウンセラーの専門性に担保される
3. クライエントの心理・行動的問題の変容（改善、解決）を目的とする
4. クライエントの心理・行動的問題の変容のみならず、より健康的な成長を目的とする
5. クライエントの自律や自立（セルフコントロール）が目的となる
6. クライエント個人を対象とする中で、クライエントをとりまく環境（他者や社会）をも対象とする必要がある
7. カウンセリングの背景には客観的（科学的）な理論や技法が存在する

以上のように、カウンセリングでは、専門的な関係が構築されることや心理・行動的な問題を改善すること、更なる自己成長を提すことなどが目標となります。

（2）臨床心理学・カウンセリング・心理療法

臨床心理学は、「主として心理・行動面の障害の治療・援助、およびこれらの障害の予防、さらに人々の心理・行動面のより健全な向上を図ることを目指す心理学の一専門分野」（高山、1999）と定義されています。こうした定義をみると、臨床心理学はカウンセリングの理論や技法を支える学問といえます。したがって、臨床心理学領域で培われてきた知識は、カウンセリングの学習を遂行する上で欠かすことができない重要な知識といえます。また、カウンセリングと深い関係にある心理療法も臨床心理学の領域で研究・実践されています。

そして、心理療法は、「行為が極めて広範に渡り、定義づけることは難しい。限定した意味合いでは、『相談』やカウンセリングなどを除外し、あくまでセラピーつまり治療である」（中村、1999）と定義づけられています。したがって、心理療法は、臨床心理学をベースとした治療のプロセスと言い換えることができます。また、相談やカウンセリングなどを除外した"治療のプロセス"であるということは、カウンセリングと心理療法とは異なるものとも理解できますが、現状、多くの場合、来談者中心療法（第5章参照）という心理療法がカウンセリングと同義として扱われることもよくあります。

このように、"カウンセリング"、"心理療法"、"臨床心理学"という言葉のすみ分けは難しいようですが、"臨床心理学"という領域で開発された心理・行動的問題を改善する体系化された方法が"心理療法"であり、"心理療法"をはじめとした専門的な言語・非言語的コミュニケーションを媒

介とする固有の人間関係を"カウンセリング"と位置づけることができます。また、体系化された心理療法や専門的なカウンセリングの背景には、さまざまな理論が存在します。これらの理論を考案し提唱する学問分野が臨床心理学ともいえます。

カウンセリング・心理療法・臨床心理学について以下のように整理されています（山蔦・杉山、2012）。

- カウンセリング
  クライエントの問題を支援することを目的としたクライエントとカウンセラーとの言語・非言語的コミュニケーション
- 心理療法
  クライエントの問題を支援することを目的とした、各種理論を背景として有する支援法。カウンセリングに包括される方法論
- 臨床心理学
  特に人間の心理・行動的問題の発現・維持メカニズムの解明や心理・行動的問題の解決を目指した学問。カウンセリングや心理療法を包括した一学問体系

以上を踏まえ、特にカウンセリングと心理療法をより明確に説明すると、カウンセリングは、心理的問題や精神疾患を抱えた患者のみならず、健常者をも含めたクライエントに対する問題解決や個人の発達を促すことを目的とした援助であり、必ずしも治療を一義的目的としないものといえます。一方、心理療法は、精神的・情緒的に障害をもつ人へ短期的・長期的に行われる体系化された方法であり、症状や性格の変容を目標とするものといえます。これらの言葉の定義や位置づけは多様ですが、カウンセリングに関する理論を提唱した臨床心理学領域の知見や、心理・行動的問題を改善

に導く方法である心理療法の位置づけを十分にとらえて学習することは、カウンセリングの理論を理解する上でも助けとなります。

(3) 学問としてのカウンセリング：臨床心理学

　カウンセリングや臨床心理学、心理療法のすみ分けは、若干むずかしいようですが、ここではアメリカにおける枠組をみてみましょう。アメリカでは、カウンセリングは「人間の健康的なパーソナリティをターゲットに、心理的安定と成長を促す援助をすること」、心理療法は「心理的問題や苦しみの軽減を目指した、カウンセラーとクライエントとの専門的関係の下で行われる支援」、臨床心理学は「心理・行動的問題をアセスメントし、介入し、コンサルテーションを行い、問題解決を目指す支援」とされています（Wolman, 1996）。また、これらの心理的支援を目的とした学問は、Counseling Psychology（カウンセリング心理学）と Clinical Psychology（臨床心理学）とに大別され、それぞれ研究・実践が行われています。Counseling Psychology は、カウンセリングの理論や技法を研究・修得することに特化した学問領域を指し、Clinical Psychology は、心理・行動的問題を扱い、その発現・維持メカニズムを解明し、支援・治療の基礎的知見を提供する学問領域とまとめられます。

カウンセリングの対象

　カウンセリング場面では、クライエントのさまざまな状態が支援の対象となります。クライエントの健康度が高く、病的な状態ではないとしても、場合によってはカウンセリングの対象者になり得ます。一方、健康度が低く、苦しい症状を抱えている場合もカウンセリングの対象者になり得ます。

> 　カウンセリングの対象となる状態はさまざまです。たとえば、他者から観察して問題であると評価できない場合であってもクライエントがその状態に困っているのであれば、それはカウンセリングの対象となります。また、クライエントが悩んでいる実感がなくても、クライエントを取り巻く他者が、クライエントの状態に困らされている場合には、それもまた支援の対象となります。
> 　カウンセリングの対象となる問題は、カウンセラーが作り出すものではありません。キーワードは、"クライエントが困っている"か、また"クライエントの周囲が困っているか"です。

第2節
心理学の歴史とカウンセリング

これまで紹介したカウンセリングが客観的な人間理解を志向する心理学とも密接な関係にあります。ここでは、心理学の初期の展開を概観し、カウンセリングとのつながりを考えてみましょう。

(1) 心理学の誕生

心理学が誕生した年は、1879年といわれています。この年、ドイツの心理学者ヴント（Wundt,W.）が、ライプチッヒ大学に心理学実験室を設立しました。心理学実験室で、人間の心理を実験的に検討しようとしたことから、ヴントの心理学は実験心理学とも呼ばれます。ヴントに師事した研究者は多く、たとえば、教育心理学領域における代表的な研究者であるホール（Hall, G. S.）や知能の研究の代表的な研究者であるキャッテル（Cattell, J. M.）などもまた、ヴントの下で学んでいます。また、ヴントの実験心理学を契機に、ブレンターノ（Brentano, F.）の作用心理学やウェルトハイマー（Wertheimer, M.）のゲシュタルト心理学など、多様な理論を持つ心理学領域が展開します。

こうした中、ヴントに師事したアメリカの心理学者ティチェナー（Titchener, E. B.）は、母国アメリカへ帰国後、構成主義心理学の中心的人物となりました。構成主義心理学では、水 H_2O が、2つの水素 HH と1つの酸素 O から構成されるように、人間の心的内容もいくつかの要素から構成されていると考え、各要素のつながりを解明することで人間理解

を目指しています。また、機能主義心理学の中心的人物であるジェームズ（James, W.）もまたヴントの影響を受けた心理学者です。機能主義心理学では、人間がある環境に適応する際、心的内容である意識と行動とがどのように関係し、そこにどのような機能が存在するかを検討することで人間理解を目指しました。構成主義心理学や機能主義心理学は、アメリカにおける初期の心理学を築き上げました。

　一方で、これらの心理学は「主観である意識を科学的に扱っても客観的科学にはなり得ない」という批判を受けることになります。こうした批判をしながら、客観的な行動にターゲットをしぼったワトソン（Watson, J. B.）の行動主義心理学が台頭します。

　ワトソンは、心理学の対象は人間の行動であることや心理学のなすべきことは人間の行動のコントロールであることなどをアピールし、人間の行動がいかに学習可能なものであるかを実験的に示しました。こうした取り組みは行動主義宣言と呼ばれ、アメリカの心理学界に一大センセーションを繰り広げたといっても過言ではありません。行動主義心理学では、「ある行動が引き起こされる前提にはある決まった行動が存在する」という刺激→行動の図式を想定しています。こうした行動主義心理学の考え方は、人間の問題行動の修正と適応行動の再学習を目指す行動療法（第6章参照）の礎となっています。

　また、行動主義心理学と同時期に、ソーンダイク（Thorndike, E. L.）は問題箱を用いた動物実験を通して、数度の施行を繰り返すことで、問題解決までの時間が短縮される（効果の法則）ことを見出しています。また、行動主義心理学の領域では、ワトソンに続く研究者により、さまざまな動物実験も行われました。たとえば、スキナー（Skinner, B. F.）は、行動主義心理学の立場から実験箱（スキナーボックス）を用いた動物実験を行い、数多くの知見を残しています。そして、これらの知見は、古典的な行動主義心理学（ワトソンの行動主義心理学）の主張を反証するものといえます。

行動主義心理学の創始者ワトソンの主張に則ると、刺激→行動なので、問題（刺激）が同一であれば決して行動（結果）が変わってはいけません。しかしながら、問題が同一であっても、練習を続けることで、結果が変わること、すなわち、刺激→生活体→行動といった図式を示しているのがワトソンに後続する行動主義心理学の研究者たちです。生活体は人間を含めた動物のことを指しますが、ある刺激が生活体を介在して行動が生じるという基本的な考え方を持つ心理学が新行動主義心理学と呼ばれる心理学です。

　こうした中、1950年代以降、情報処理技術の発展とあわせ、人間の認知機能を情報処理のメカニズムになぞらえて考える認知心理学が台頭します。それまで、人間の認知（たとえば、新行動主義心理学でいえば生活体）の機能はブラックボックスでした。そのブラックボックスをより科学的に情報処理モデルを用いて解明することを目指した心理学が認知心理学です。認知とは"ものの考え方や捉え方"です。そして、ブラックボックスであった認知を扱うことができるような時代に入り、認知の問題（捉え方の偏りやゆがみなど）をターゲットとした認知療法などの心理療法も開発されており、行動主義心理学が基盤となる行動療法や認知療法など行動的問題と認知的問題を修正し、適応行動や適応的な認知を再学習させるための技法がパッケージ化された認知行動療法（第9章参照）は、有効な心理療法のひとつとして知られています。

　一方、1960年代に入ると、アメリカでは男女差別をなくすことや人間がより人間らしく生きることを主張する時代に入ります。こうした時代・文化的な背景のもと発展する心理学が、マズロー（Maslow, A. H.）やロジャーズ（Rogers, C. R.）が中心となる人間性心理学です。人間性心理学では、「人間はそもそも良く生きる力を持っている」と考えます。したがって、人間性心理学では、悪い状態（たとえば、落ち込んでいる状態）は、良くなる力を失っている状態と考えます。したがって、ロジャーズの来談

者中心療法（第5章参照）では、指示的に改善に導くのではなく、クライエントに寄り添い、支持的に良くなる力の回復を目指す支援を行うことを重視します。

また、心理学領域ではありませんが、精神医学の領域では、ドイツの精

表1−1　心理学と心理療法との関係

ドイツにおける心理学　初期の展開

心理学領域名	中心的人物	概要	心理療法との関係
実験心理学	ヴント	実験室で人間の内的状態を客観的に測定する	−
作用主義心理学	ブレンターノ	見ること聞くことの心理的作用について観察研究	−
ゲシュタルト心理学	ウェルトハイマー	知覚の体制化といった観点から人間を考える	ゲシュタルト療法

アメリカにおける心理学　初期の展開

心理学領域名	中心的人物	概要	心理療法との関係
構成主義心理学	ティチェナー	内観法を用い、意識の構成要素をとらえる	−
機能主義心理学	ジェームズ	環境適応に意識と行動がどのように機能するか	−
行動主義心理学	ワトソン	客観的な行動を捉え、刺激と行動の関係を定式化	行動療法
新行動主義心理学	スキナーなど	刺激と行動との間に生活体を介在	認知を扱う療法
人間性心理学	ロジャーズ	成長する人間としての存在を重視	来談者中心療法

ドイツにおける精神分析学を中心とした展開

心理学領域名	中心的人物	概要	心理療法との関係
精神分析学	フロイト	人間の行為の背景に無意識を想定	精神分析療法
分析学	ユング	フロイトに師事、その後決別。普遍的無意識を扱う	分析学的な精神療法
新フロイト派	ホーナイなど	精神分析の基本的な理念を踏襲し、独自の理論体型へ	精神分析的な精神療法

−の部分は、心理療法と全く関係がない訳ではなく、各心理学領域の知見は、各心理療法へと少なからず影響している。

神医学者フロイト（Freud, S.）により精神分析学がまとめられ、特に人間の心理・行動的問題を治療する理論や方法が提唱されました。精神分析学がまとめられた時期は、ドイツで心理学が誕生し、各種研究が進められる一方で、アメリカにおいてカウンセリングの源泉のひとつである職業指導運動や教育測定運動が行われた時期と同時期です。精神分析学は精神医学であり、心理学や臨床心理学とは一線を画しますが、無意識を想定した人間理解や精神療法（治療法）（第4章参照）は、カウンセリングの理論を学ぶ上では必要不可欠です。

　以上で紹介した心理学の他にも多様な心理学が"○○心理学"という名称でまとめられ、こうした心理学領域における知見を基盤として、カウンセリングの理論や技法、心理療法の理論や技法が体系化されています。以下に、これまで紹介した心理学の特徴を表1－1にまとめました。

（2）臨床心理学の歴史

　臨床心理学は、心理学という大きい枠組みの中に存在する学問領域ですが、独自に発展を遂げた領域といえます。臨床心理学という用語は、ウィットマー（Witmer, L.）という心理学者により、はじめて用いられたとされています。ウィットマーは1896年、アメリカのペンシルヴァニア大学に世界ではじめて心理クリニックを開設しました。ここでは、子どもの不適応に関する研究や支援、子どもの不適応を支援する支援者の育成などが行われていました。心理学が誕生した年（1879年）から約17年後に臨床心理学あるいは臨床心理学をベースとしたカウンセリング的な支援が芽生えたことになります。しかしながら、当時の方法は、現代社会におけるカウンセリングのイメージとは程遠いものであったともされています。

　前述の通り、ドイツやアメリカで多様に展開したさまざまな心理学は、臨床心理学の土台となります。たとえば、キャッテル（Cattell, J. M.）は

個人差に興味を抱き、知能や性格などを測定する検査の開発に力を注ぎました。こうした功績は、現代の心理検査を用いるカウンセリングの土台となっています。また、ビネー（Binet, A.）とシモン（Simon, T.）が開発した知能検査は、現代の学校臨床場面における子どもの査定に応用されることもあります。これらは、人間を測定するという共通点がありますが、人間を測定する研究が盛んに行われた背景には、統計学の発展があります。統計学の発展により、たとえば、因子分析（人間の共通する要素を抽出する分析方法）などを用いることで、複雑な心的事象をより明確にとらえることができるようになりました。

　また、臨床心理学は第一次世界大戦を契機に飛躍します。1920年代、キャッテルやビネーを代表とする人間を測定する研究は継続されていました。こうした中、ウッドワーズ（Woodworth, R. S.）は、人間を測定する技術を、兵士の人選に適用しました。また、戦場から帰還した兵士のこころの問題（戦争神経症）をケアするための方法として、カウンセリングや心理療法を用い、その効果が認められ、こうした臨床心理学の活躍を通して、アメリカ文化の中で一定の地位を得るようになります。

　そして、現代に至るまで、心理学の知見を土台に、臨床心理学は多様に発展を遂げ、またカウンセリングや心理療法の理論や技法もブラッシュアップされるとともに、新たな理論・技法も開発が続けられています。

（3）カウンセリングの源流　心理測定を基盤とした流れ

　特に人間の心理・行動的問題の改善や人間の成長を志向した学問として臨床心理学が誕生し、独自に展開する中、特に人間を支援することを目的とした実践的活動が活性化する時代に入ります。これらの実践的活動の実績や臨床心理学で積み重ねられた知見が複合し、カウンセリングという一大学問・実践領域が形作られることになります。p.19に示した表1－2は、

カウンセリングの源流ともいえる6つの領域を時系列で紹介しています。6領域とは、①心理測定を基盤とした流れ、②行動主義心理学を基盤とした流れ、③認知的側面を扱った流れ、④精神分析を基盤とした流れ、⑤人間性心理学（ロジャーズ）を基盤とした流れ、⑥実存哲学を基盤とした流れです。ここでは、①心理測定を基盤とした流れを紹介します。

　心理測定を基盤とした流れでは、心理測定法を用い、ある人の適性を測定し、たとえば職業指導を行うなど、測定結果を用いた有効な指導あるいは支援を実現する実践的活動が行われてきました。この領域に含まれる、パーソンズ（Persons, F.）による職業指導運動やソーンダイクによる教育測定運動、ビアーズ（Beers, C. W.）による精神衛生運動はあまりにも有名な活動です。以下にそれぞれを紹介します。

①職業指導運動
　職業指導運動は、パーソンズにより20世紀初めにアメリカのボストン職業局において、組織的にはじまったとされています。ここで、パーソンズは「丸い釘は丸い穴に」というスローガンを掲げ、"適正や能力、興味、自分自身や環境の有する資源、限界を的確に理解すること"、"さまざまな職業に対する利点や将来性を理解するための情報を有すること"、これらの理解や情報を駆使し、"合理的に推論すること"を目的とし、特に失業中の青年を対象に職業指導運動を実践しました。そして、"合理的に推論すること"を「職業指導カウンセリング」と位置づけ、こうした職業指導運動の理念や実践は、現代社会における産業カウンセリングやキャリアカウンセリングの土台となっています。また、現代社会における産業カウンセリングやキャリアカウンセリングは、めまぐるしく変化する産業社会や経済の状況、職場の環境などに影響を受けながら多様に変化を繰り返し、発展を遂げています。

②**教育測定運動**

　教育測定運動は、パーソンズによる職業指導運動と同様に、20世紀初めにアメリカではじまったソーンダイクを中心とした運動です。ソーンダイクは、「存在するものは、何らかの量をもって存在し、それを完全に知るためには、質だけでなく量を知る必要がある」と説き、人間を客観的に測定することを目標としていました。

　一方、同時期にフランスでは、子どもの知能を客観的に測定するための検査がビネーとシモンにより開発されました。加えて、統計学の進歩により、データを分析することで客観性を担保できる可能性も広がりました。フランスにおける知能測定法の開発や統計解析法の開発は、ソーンダイクによる教育測定運動に大きな影響を与えています。現代社会に実践されるカウンセリングにおいて、カウンセリングの対象者を測定することは非常に重要な活動です。心理測定の理論や具体的方法については第13章で紹介しますが、教育測定運動は、現代社会における心理測定の基盤ともいえます。

③**精神衛生運動**

　精神衛生運動は、ビアーズが中心となり展開した運動で、ビアーズは『わが魂に出会うまで』(1908)において、自身の重篤なうつ病による精神病院入院体験を記述し、当時の常であった精神病院の閉鎖的環境や患者の悲惨な状況を示すとともに、患者の人権や精神科医療の環境改善などを訴えました。この訴えに賛同した、マイヤー(Meyer, A.)(精神分析を専門とした医師)の助けを借り、コネチカット州に精神衛生協会を設立しました。こうした実践的運動は世界的に広まり、精神科医療や精神衛生の基盤を整えることに注目する時代となります。

　以上の実践的活動が本格化する中、ウィリアムソン(Willamson, E. G.)

によって心理検査を用いた臨床場面におけるカウンセリングが行われました。これが1939年の出来事です。心理学誕生から約60年、臨床心理学の誕生から約43年で、人間の心理・行動的問題を支援するカウンセリングが本格的に研究・実践されることになります。ウィリアムソンの取り組みは、後に特性因子理論と呼ばれ、現代のカウンセリング、特に心理検査法（第14章参照）に大きな影響を及ぼしています。

ウィリアムソンの立場から実践されたカウンセリングでは、クライエントの心理的特性（たとえば性格など）を的確に測定し、適性に合わせた環境を見つけ導くといった意味合いも強く、この立場から実践されるカウンセリングは、現代社会におけるガイダンスあるいはコンサルテーションなどに近い概念であるともいえます。

以上で紹介してきた、カウンセリングの基盤となる心理学や臨床心理学の展開、またカウンセリングの展開はこの限りではありません。ここでは、カウンセリングに関わる領域を俯瞰して整理してみましょう（表1-2）。

第1章　カウンセリングの歴史

表1-2　カウンセリングに係る理論・実践の展開

指示的なカウンセリング

- パーソンズの職業指導運動(1908)
- ソーンダイクの教育測定運動(1904)
- ビアーズの精神衛生運動(1908)
  - ウイリアムソンの特性因子論(1939) ── 心理検査を用いるカウンセリングへ
  - 心理測定を基盤とした流れ

- ワトソンの条件づけ(1920)
  - スキナーなどの学習理論(1950) ── ウォルピなどの行動療法1958 ── 認知行動療法へ
  - 行動主義心理学を基盤とした流れ
  - エリスの論理療法(1955) ── ベックの認知療法(1963年)
  - 認知的側面を扱った流れ

- フロイトによる精神分析(1900)
  - ユングの分析学(1912)
  - アドラーの個人心理学(1911)
  - 新フロイト派(1950年代)ホーナイ、サリバン、フロムなどの活躍
  - バーンの交流分析(1958)
  - パールズのゲシュタルト療法(1951)
  - 精神分析を基盤とした流れ

- 人間性心理学(ロジャーズ) ── 非指示的療法(1942) ── 来談者中心療法(1951) ── パーソンセンタードアプローチへ

- 実存哲学を基盤とした流れ
  - ビンスワンガーの現存在分析(1942)
  - フランクルの実存分析(1950)

非指示的なカウンセリング

19

ガイダンス　コンサルテーション

　ガイダンスとは情報提供のことです。ただし、提供される情報は、情報を提供する側の専門性に担保される必要があります。また、情報を提供される側にとって的確な情報である必要もあります。また、コンサルテーションとは、コンサルタントとコンサルティという関係の中で行われる専門的活動を指します。ここでは、コンサルタントはコンサルティの問題を明確化し、問題解決に役立つ情報を提供することで、より良い方向へ導くといった役割を果たします。たとえば、病院に勤めるメディカルスタッフ（コンサルティ）が、患者の心理的問題に対処しなくてはならないといった場面で、カウンセラー（コンサルタント）が心理的問題を理解するための理論や方法を提示（ガイダンス）し、患者の支援に当たるといった形式はコンサルテーションの一例といえます。

■ 引用・参考文献 ■

國分康孝（1980）『カウンセリングの理論』誠信書房、p.5
松原達哉・楡木満生・澤田富雄・宮城まり子（共編）（2005）『心のケアのためのカウンセリング大事典』培風館
中村伸一（1999）「精神療法」中島義明・安藤清志・子安増生・坂野雄二・繁桝算男・立花政夫・箱田裕司（編）『心理学辞典』有斐閣、p.495-p.496
日本心理臨床学会（編）（2011）『心理臨床学事典』丸善出版
楡木満生（2005）「１．カウンセリング理論の歴史」松原達哉・楡木満生・澤田富雄・宮城まり子（共編）『心のケアのためのカウンセリング大事典』培風館、p.52-p.56
大塚義孝（編）（2004）『臨床心理学全書１　臨床心理学原論』誠信書房
佐治守夫・岡村達也・保坂亨（1996）『カウンセリングを学ぶ　理論・体験・実習』東京大学出版会
下山晴彦（2010）『臨床心理学をまなぶ①これからの臨床心理学』東京大学出版会

霜山徳爾（監）・鍋田恭孝（編）（2000）『心理療法を学ぶ』有斐閣選書
高山巖（1999）「臨床心理学.」中島義明・安藤清志・子安増生・坂野雄二・繁桝算男・立花政夫・箱田裕司（編）『心理学辞典』有斐閣、p.892
氏原寛・成田善弘・東山紘久・山中康裕（編）（2004）『心理臨床大事典』培風館
山蔦圭輔（2011）『改訂版 心理学・臨床心理学概論』北樹出版
山蔦圭輔・杉山崇（編著）（2012）『カウンセリングと援助の実際―医療・学校・産業・行政における心理的支援―』北樹出版、p.18-p.21

第2章
カウンセリングの基礎

　本章では、専門的なカウンセリングの条件やカウンセリングを支える技法の概要を紹介します。ここでの内容は、カウンセリングの実践につながる重要な基礎といえます。カウンセリングを学ぶ時、技法を学ぶことや体験的学習を通して学ぶことはもちろん重要です。体験的学習とあわせて、その技法や実践の基礎的な考え方を知ることで、技法を適切に使用し、柔軟に実践することができるでしょう。

第1節
カウンセリングの条件

（1）カウンセラーとクライエント

　カウンセリングという言葉がより心理的支援を意味する言葉として使用される昨今、さまざまな場所で、カウンセリングが実施されています。前述の通り、カウンセリングを実施する者はカウンセラー、受ける者はクライエントと呼ばれますが、カウンセリングが行われる環境により、その呼び名も変わることがあります。また、カウンセリングという表現自体、用いないこともあります。

　たとえば、学校場面ではスクールカウンセラーという呼称が使用されますが、カウンセリングを受ける者のことをクライエントと呼ぶことは多くはありません。学校関係であっても教育相談所などではスクールカウンセラーとは呼ばれず、相談員と呼ばれることもあります。また、病院など医療機関におけるカウンセリングでは、クライエントではなく、患者と呼ばれることもあります。産業場面に目を向けると、ここでもクライエントではなく、「○○さん」と呼ばれることが多いように思えます。この限りではありませんが、カウンセラーとクライエントという呼び名は、環境やその時々の状況により大きく変わります。呼び名が変わっても、カウンセリングの理論と技法を駆使して、クライエントや患者などと呼ばれる、悩みや苦しみを抱える人々を専門的に支援することは、支援を担う専門家の重要な役割です。

　なお、本書では、支援者を「カウンセラー」、支援を受ける者を「クライ

エント」と統一して表記します。

異常と正常・適応と不適応

　クライエントの状態を捉える時、その状態が異常であるか正常であるかを考える必要があります。異常か正常かの判断は、一般的な状態からいかに逸脱しているかで判断されることですが、多数決の原理に依存する可能性もあります。仮に、人類の多くが日常的に妄想や幻聴が聞こえるといった体験をしているとすれば、それがスタンダードです。異常か正常かは、われわれが育ってきた過程で身に付けた評価基準で、意図せずに評価していることもあります。目の前に現れたクライエントに"異常さ"を感じた時、その異常さをなぜ感じるのか、十分に考えることも必要です。

　また、環境に適応できていないことを不適応と呼びます。職場で不適応感を感じるといった場合は、カウンセラーとして、その不適応感が生じる心理的プロセスを知り、ケアすることが求められます。また、不適応行動が生じている場合には、その行動を修正する支援が必要となります。後者の場合、行動なので観察しやすく、早期に支援を受けられる可能性も高まります。一方、前者の場合、クライエントの主観的な体験であるため、なかなか発見に至らず、苦しさを抱え続ける場合もあります。

(2) カウンセラーに求められる条件

　カウンセラーに求められる条件として、これまで、"十分な専門性を有すること"、そして"専門的な支援を実施できること"を挙げました。こうした中、たとえば、公益財団法人日本臨床心理士資格認定協会の認定資

格である臨床心理士に要請される基本的な専門性として、①臨床心理査定、②臨床心理面接、③臨床心理的地域援助、④これらの研究・調査、が挙げられています。臨床心理士資格は、カウンセラーとしての知識や技能を担保するための資格といえます。したがって、先に挙げた4つの条件は、カウンセラーに求められる条件と言い換えることができます。

①臨床心理査定とは、たとえば性格の査定や多様な状態の査定であり、カウンセラーには査定法を修得し、その結果を適正に評価することが求められます。また、査定はアセスメントと呼ばれることもあり、第14章で紹介する心理検査法を用いて、クライエントの性格や状態を評価することがクライエントを査定するということです。

②臨床心理面接とは、本書で扱うカウンセリングを意味し、カウンセラーとクライエントとの間で生じる専門的かつ固有の人間関係に基づいて行われる面接を指します。

③臨床心理的地域援助とは、地域に存在するサポート資源を活かし、社会的なシステム全体を支援することを指します。たとえば、カウンセラーとして、ある企業で労働者の心理的支援を実践する時、その組織の産業保健スタッフと管理監督者、労働者などで相互の風通しを良くしたり、その組織の体制を整備することなどは、重要な地域援助のひとつといえます。ここでの地域支援とは、個人に留まらず広く組織システムをも支援することを指しています。

④研究・調査では、たとえば、質問紙を用いることで、カウンセリングの対象になり得る対象者を抽出することやストレスをチェックし、具体的な支援に活かすことなどが挙げられます。また、より臨床心理学的な研究では、カウンセリングの理論や方法が研究の成果として発信されることがあります。

　個人や組織を査定し、カウンセリングを行い、環境にも働きかけることにより、より良い支援とは何かを考えることがカウンセラーの任務といえ

るでしょう。

> **コラム** ソーシャルサポート
>
> 　地域に存在する有形・無形の資源を活かし、人々を支援することをソーシャルサポートと呼びます。ソーシャルサポートは、コミュニティ心理学の領域で研究が進められ、キャプラン（Caplan,G.）により整理された概念です。ソーシャルサポートには、情緒的なサポートや道具的なサポート、情報的なサポートなどに分けられます。情緒的なサポートとは、たとえば親身になって話を聴く、道具的なサポートとは、たとえばお腹を空かしている人にパンを渡す、情報的なサポートとは、たとえば、道に迷った人に道順を知らせるなどといったことが例として挙げられます。また、ストレスが低い状況では、ソーシャルサポートを受けている人も受けていない人も健康度に差はないものの、ストレスが付加された場合に、ソーシャルサポートを受けていない人と比較して、受けている人の場合で健康度が低下しにくいといった直接効果、そもそもソーシャルサポートを受けている人の健康度が高いといった緩衝効果など、多くの研究成果が残されています（図）。
>
> **ソーシャルサポートの効果**
> （左：緩衝効果／右：直接効果）

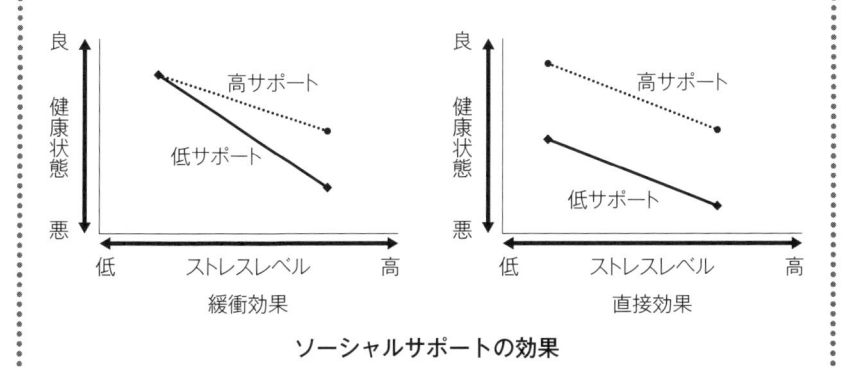

（3）カウンセラーの倫理

　カウンセラーには、倫理的配慮を怠らないことが日々、必ず求められます。倫理的配慮として、守秘義務が課されることなどがその代表として挙げられます。守秘義務を守ることは必須の条件です。守秘義務を守ることはクライエントを守ることにもつながります。たとえば、思わず電車の中でカウンセリングのプロセスについて誰かと話してしまうことや、携帯電話で周囲を確認せずに話をしてしまうことも避ける必要があります。一方、クライエント自身やクライエントを取り巻く他者の生命に危機が及ぶ場合や、一般的常識から著しく逸脱する場合には守秘義務の範囲外となることもあります。

　また、インフォームドコンセントを確実に行い、何処でどのくらいの時間カウンセリングを実施するのか、料金は幾らなのか、カウンセリングで何ができて何ができないのかなどを説明し、クライエントの同意を得る必要があります。また、カウンセリングの内容を研究の材料にすることや発表をする時には、クライエントの承諾を得る必要があります。その際には、書面で承諾を得ることをお勧めします。

　そして、時には、クライエントから物品を贈られることもあります。その物品は単なるモノではなく、クライエントのさまざまな感情が"のせられている"モノであることもあり、良く考えずに受け取ることのないよう注意することも必要です。加えて、クライエントと個人的関係をもたないこともカウンセラーの倫理として欠かすことはできません。これ以外にもカウンセラーに求められる倫理は存在します。カウンセリングというプロセスにおいて、カウンセラーが責任をもって限界を知りながら、専門家としての役割を果たす必要があります。

(4) カウンセリングの環境

　カウンセリングが実施される時、その環境を整備することもカウンセラーの大切な仕事です。たとえば、誰かに筒抜けの場所で重要な話題を持ち出すことに抵抗があるように、抱える問題を相談しようとする時、守られた空間を確保する必要があります。また、事前に準備するものとして、カウンセリングの内容を記録する際に用いるペンや記録用紙、バインダー、心理検査を実施するのであれば検査用紙、子どものカウンセリングを行う場合には必要な玩具などが挙げられます。

　物理的な環境を整備することとあわせて、時間を制限することも必要です。カウンセリングを実施する時間を1時間とした時、1時間中の何分をカウンセリングに用いるかなど、いわばスケジュールはカウンセラーの中でおおよそ予定しておいた方が良いでしょう。また、カウンセリングの時間は1時間であることは、クライエントに説明し同意を得ておく必要があります。仮に、これまで誰にも話すことができなかった自身の問題をやっと話せる場所がカウンセリングの場であった時、時間の制限がなければ、クライエントの訴えが際限なく吐露されることになります。こうした中で、何の前置きもなく、「今日は時間です」と突然終了してしまうことで、クライエントが「見放された」「話したりなかった」「本当に伝えたいことを伝えることができなかった」などという感想をもってしまうこともあります。あらかじめ"1時間がカウンセリングの時間であること"を契約しておけば、クライエントも了解した上でカウンセリングを終了し、次回のカウンセリングへと継続することも可能となります。

　以上で紹介した物理的環境や時間の制限は、"枠"と呼ばれます。カウンセリングの枠を守ることは、クライエントを守り、より有益な心理的支援を実現する前提条件となります。また、カウンセリングが終了した後、

クライエントは自分自身の日常生活へと戻らなければなりませんが、枠が明確であると、日常生活へ戻りやすくなります。

　枠を明確にすることは、"構造化"とも呼ばれます。構造化とは、カウンセリングの場所や時間、料金やルール、その他の制限などを明確にすることを指します。

> **コラム　カウンセリングの物理的環境**
>
> 　カウンセリングを実施する時、カウンセラーとクライエントとが着席する場所にも配慮する必要があります。カウンセリングを行う部屋の形状や広さにもよりますが、カウンセリングにおいて、横並びになって着席することは多くはありません。また、対面する場合もありますが、一般的には、90度角で着席することが望ましいといわれています（下図）。90度角で着席する場合、対面して着席する場合と比較して、自然に視線を逸らすこともできやすく、クライエントにプレッシャーを与えるリスクも少なくなります。もし、対面で座る場合には、やや斜めに座る位置関係が良いでしょう。
>
> **カウンセリングでの位置関係**

第2節
カウンセラーの基本的姿勢

　カウンセラーに求められる専門性は、臨床心理学やカウンセリング、心理療法の背景にある理論を十分に学ぶことで担保される可能性が高まります。また、カウンセリングの経験を積むことも非常に大切です。カウンセラーは理論に基づく実践を行う専門家です。

　カウンセリングを実施する時、こうした専門性とあわせて、聴くことやクライエントの立場に立って考えるなど、カウンセラーとしての基本的姿勢を身に付けることも必須です。ここでは、耳を傾けて聴く"傾聴"、クライエントの立場に立って考える"共感"、クライエントの感情や思考を否定することなく受け入れる"無条件の肯定的配慮"についてみてみましょう。

(1) 傾　聴

　傾聴とは、耳を傾けて聴くことであり、"聞く"（何となく聞き流す）でもなく"訊く"（詰問する）でもない姿勢を指します。耳を傾けて聴くというと、実際にクライエントと向き合って、「うんうん」と言いながら頷くといったイメージがあるかも知れませんが、そうとは限りません。頭を傾けてうんうんとアクションを起こしながらクライエントに向き合うことでクライエントがプレッシャーを感じるようであれば、クライエントにとってプレッシャーにならない聴き方が必要となります。傾聴は、頷き向き合うなどといった具体的行為が重要なのではなく、クライエントにとっ

て"傾聴されている"と感じられることが重要です。したがって、カウンセラーは、クライエントの様子を敏感に感じ取り観察し、クライエント一人ひとりにあわせた傾聴をする必要があります。加えて、聴くこととあわせ観察することも傾聴に含まれます。観察は観ることであり、見る（何となく見る）や診る（病気を疑い診察する）とは異なり、クライエントにとって心地良く、プレッシャーを与えない観察が必要となります。

(2) 共　感

　共感について事典を引くと、「共感は治療場面において、最も基本的で重要なセラピスト（治療者、本書ではカウンセラー）の機能である。セラピストはクライエント（面談者、患者）をまず理解せねばならず、またクライエントにとってこの理解されるという経験が対人的な安全感を増すことになり、治療促進的な場をつくり上げることになる」と説明されています。共感することは、どのような心理療法を行う場合であってもカウンセラーに必ず求められる体験といえます。また、クライエントを理解する際、"知的な理解"と"体験的な理解"とに分けられるとされ、共感は"体験的な理解"とされています。"知的な理解"は、たとえば、カウンセリングの理論を用いて、クライエントの内的な状態を説明することであり、客観的にクライエントのことを理解するプロセスといえます。一方、"体験的な理解"はクライエントの感情や思考などの主観的体験を否定することなく体験することであり、ロジャーズ（第5章参照）は、「クライエントの内的世界をあたかも自分のことであるかのように感じ取ること」としています。また、クライエントの内的世界を感じとった場合に、カウンセラーはその感情に流されないことも必要です。クライエントが有する苦しみや悲しみを自分のことであるかのように体験する時、クライエントと同じように苦しさや悲しさを感じることもあるかも知れませんが、共感は一緒に

泣くことではありません。クライエントの内的感情に翻弄されることなく、支援者として相手の立場に立って考えることが共感です。

(3) 無条件の肯定的配慮

　無条件の肯定的配慮とは、クライエントの抱える問題などを批判や否定をせずに受け止める姿勢を指します。たとえば、巨万の富を持ちながらその使い道に思い悩んでいるクライエントを目前とした時、「使い道なんかに迷う必要はないじゃないか」と考えてしまうことは、無条件の肯定的配慮とはいえません。"カウンセラーにとってどうか"ではなく、"クライエントにとってどうか"が鍵となります。一般的にみても、カウンセラーからみても、取るに足らない問題（悩み）であったとしても、クライエントが抱えている問題であれば、それをカウンセリングで扱うことが求められます。無条件の肯定的配慮とは、クライエントの内的な状態を受け止めることです。

(4) 知的な枠組みでの理解

　カウンセリングでは、クライエントの内的な状況を十分に理解し、共感し、受け止める姿勢が大切ですが、こうした姿勢を十分機能させるためには、カウンセラーとして知的な枠組みでクライエントの内的な状態を理解することも求められます。知的な枠組みとは、言い換えると、カウンセリングに関わる理論です。カウンセリングに関わる理論の中には、客観性・一般性に富んだ理論も存在します。こうした理論を駆使し、クライエントの内的な状態を説明することで、クライエントの苦しさや複雑さ、困難さに翻弄されることなく、客観的立場から、クライエントを理解することが可能になります。

(5) カウンセラーの体験

　クライエントのみならず、カウンセラー自身もひとりの人間として多くの課題を抱えているともいえます。時に、カウンセラー自身の体験が、カウンセリングのプロセスを阻害してしまうことがあります。たとえば、産業界でカウンセラーとしてその役割を担うことを志向する場合、カウンセラー自身が過去に勤め先で非常に苦しい体験をしており、それが十分に消化されてない状態であると、同じように苦しい思いをしているクライエントに直面した場合、カウンセリングができなくなってしまう（カウンセラーとしての姿勢を保てなくなってしまう）ことがあります。したがって、カウンセラーには、自分自身の体験を整理しておくことが求められます。自分自身の体験を整理することは、決して忘れるということではなく、それを客観的に理解しておくということです。自分自身の体験を完全に理解することは難しいことですが、自分の私的な生活や内的世界とカウンセラーとしての立ち位置や職業生活とを混同せずに、それぞれ整理することが重要です。

コラム　スーパービジョン

　カウンセラー自身が担当するケース（カウンセリングのプロセス）について指導することをスーパービジョンと呼び、スーパーバイズをする側（指導者側）はスーパーバイザーと呼び、スーパーバイズを受ける側はスーパーバイジーと呼ばれます。スーパービジョンの場では、スーパーバイジーのケースを読み解き、その支援の仕方の問題点を整理するとともに、今後の支援の展開に向けた指導が行われます。スーパーバイジーは、自分自身のカウンセリングの進め方を大きく見直す必要に迫られることや、自分自身の壁にぶつかる体験をすることもあります。ここで、さまざまな助言・指導を吸収しながら、より良いカ

> ウンセリングを実現するために奮闘し、カウンセリングのスキルをブ
> ラッシュアップすることが必要不可欠です。

　本章では、カウンセリングの枠組みと基本的姿勢について簡単に紹介しました。これらは、カウンセリングの原則といっても良いでしょう。次章では、カウンセリングの対象となる問題の捉え方や心理的な障害について紹介します。次章で紹介するさまざまな問題にアプローチする際にも、本章で紹介したカウンセリングの基本的姿勢を保つことは前提となるカウンセラーの重要な条件です。

■ 引用・参考文献 ■

土井健朗（2006）『新訂方法としての面接　臨床家のために』医学書院
Hersen, M. & Van Hasselt, V. B. (1998) BASIC INTERVIEWING A Practical Guide for Counselors and Clinicians, Lawrence Erlbaum Association.（深澤道子（監訳）(2001)『臨床面接のすすめ方　初心者のための13章』日本評論社）
熊倉伸宏（2002）『面接法』新興医学出版社
國分康孝（1980）『カウンセリングの技法』誠信書房
松原達哉・楡木満生・澤田富雄・宮城まり子（共編）（2005）『心のケアのためのカウンセリング大事典』培風館
日本心理臨床学会（編）（2011）『心理臨床学事典』丸善出版
大塚義孝（編）（2004）『臨床心理学全書1　臨床心理学原論』誠信書房
佐治守夫・岡村達也・保坂亨（1996）『カウンセリングを学ぶ　理論・体験・実習』東京大学出版会
下山晴彦（2010）『臨床心理学をまなぶ①これからの臨床心理学』東京大学出版会
霜山徳爾（監）・鍋田恭孝（編）（2000）『心理療法を学ぶ』有斐閣選書
氏原寛・成田善弘・東山紘久・山中康裕（編）（2004）『心理臨床大事典』培風館
山蔦圭輔（2012）『こころの健康を支える臨床心理学』学研メディカル秀潤社
山蔦圭輔（2011）『改訂版　心理学・臨床心理学概論』北樹出版
山蔦圭輔・杉山崇（編著）（2012）『カウンセリングと援助の実際—医療・学校・産業・行政における心理的支援—』北樹出版, p.18-p.21

第Ⅱ部
カウンセリングの理論と心理療法

　カウンセリングは実践的学問であることから、体験的に修得することが求められる学問ともいえます。一方、より効果的なカウンセリングを実践しようとする時、カウンセリングの領域で体系的にまとめられている理論を十分に理解することが求められます。たとえば、カウンセリングの代表的な技法である"傾聴"は単に「耳を傾けて聴くこと」だけではありません。傾聴がなぜ重要なのかを知ることは、カウンセリングの理論を理解することと同義です。

　第Ⅱ部では、カウンセリングで用いられる心理療法の基盤となる各種理論を紹介します。ひとつひとつの理論を十分に咀嚼し、実践的な技法が"なぜ"用いられるのかを十分に理解しましょう。

第**3**章
カウンセリングの実際

　カウンセリングのプロセスでは、どのような形で何が行われているのでしょうか。たとえば、カウンセリングの初回にはインテーク面接と呼ばれる特徴的な面接が行われます。また、カウンセリングを継続していくプロセスでは、必要に応じて心理療法を適用することがあります。
　本章では、カウンセリングを実施する際に用いられる心理療法の位置づけとカウンセリングの具体的なプロセス(特にインテーク面接)と形態について紹介します。

第1節
カウンセリングと心理療法

(1) カウンセリングと心理療法

　第1章で紹介した通り、心理療法とは、クライエントの問題を支援することを目的とします。そして心理療法は臨床心理学領域でまとめられた各種理論を背景とする支援法であり、カウンセリングに包括される方法論のことを指します。また、来談者中心療法は、その特徴からカウンセリングそのものを指す場合もあります。

　臨床実践の場で、何がカウンセリングであり、何が心理療法であるかを明確に区別して用いることに大きな意味はないかも知れませんが、カウンセラーは、カウンセリングのプロセスにおいて、クライエントに最も効果的な方法は何かを判断し取捨選択できることが望まれます。さまざまな心理療法を修得しておくことが、カウンセラーに求められる条件ともいえます。

(2) カウンセラーの立場と心理療法

　カウンセラーの立場により、得意とする心理療法も異なります。たとえば、行動主義心理学領域における行動理論や学習理論を中心に学んできたカウンセラーは、行動療法を得意とするかも知れません。また、人間性心理学領域における自己理論に詳しいカウンセラーは、来談者中心療法を用いた支援を得意とするかも知れません。その理論は、カウンセラー自身の

拠り所となり、カウンセラーとしての専門性につながる重要な理論ともいえます。ただし、クライエントが、あるひとつの心理療法を適用して欲しいと望む訳ではなく（例外として、○○療法をやって欲しいという明確なニーズを持つクライエントも存在します）、そのクライエントの状態やニーズに合った方法を提供することが求められます。したがって、カウンセラーは、自身の理論的立場を明確にしながら、その立場とは異なる領域の理論も知り、場合によっては異なる領域で体系化された方法を用いることも求められます。

第2節
カウンセリングの種類

　カウンセリングと一言でいっても、いろいろな種類（クライエントとカウンセラー1対1の面接なのか、それともクライエントが複数存在するのかなど）があります。ここでは、代表的なカウンセリング（面接）の種類を紹介します。

(1) 受付と受理

　カウンセリングがはじまる前提として、クライエントからカウンセリングの申し込みがあり、相談機関がその申し込みを受付けることでカウンセリングがはじまります。受付をした後、すぐにカウンセリングが開始される場合とそうでない場合があります。すぐにカウンセリングを開始しない場合、受付後、相談機関の関係者により受理会議（そのケースを引き受けるかどうかの会議）が行われます。受理会議の結果、引き受けると判断された場合に、カウンセリングを担当するカウンセラーが決定します。引き受けられない理由はさまざまですが、たとえば、重篤な症状の場合は、カウンセリングを行うよりも、医療機関への受診が望まれます。したがって、受理するかしないかの判断は、ここでカウンセリングを受けるクライエントに不利益が生じないかどうかで判断されるともいえるでしょう。

　また、実際のカウンセリングは後述のインテーク面接から開始されますが、受付の時点ですでにカウンセリングは始まっていると考える必要があります。受付の時点でクライエントとの出会いがあり、その出会いはクラ

イエントにとっては決して事務的な受付ではないといえます。カウンセリングに訪れる時に持つ不安や疑問、解決したい問題など、クライエントは非常に繊細かつ不安定な場合もあり、受付担当者といえども、クライエントの心配事や不安を増すことのない安定した冷静な出会いを提供する必要があります。そして、受付担当者がそのままカウンセリングの担当者となるとは限りません。受付担当者はクライエントの様子や主訴（クライエントが最も相談したい問題など）を十分に聴き、記録に残し、担当するカウンセラーへ情報を伝達する必要があります。

一方、クライエントが直接訪れないで受付をする場合もあります。たとえば、電話による申し込みです。電話による申し込みの際に、クライエントが電話口で自分の抱える問題を訴えるといったこともあります。こうした場合、氏名や連絡先、主訴などの基本的情報を聴き、初回のカウンセリングで十分に聴く準備があること（受理会議がある場合はその限りではありません）などを伝える必要があります。また、カウンセリングの対象となるクライエント本人からではなく、その家族などから申し込みがあることがあります。"誰が申し込んでいるのか"（本人なのか本人以外なのか）、"誰から紹介を受けたのか"（学校、会社、家族など）などに関する情報も聴取する必要があります。

さらに、クライエントにとって相談機関がはじめて訪れる場所である場合、道案内や時間前に到着した場合の待機場所などの情報も伝える必要があります。特に受付と受理の際には、クライエントが不安にならないように情報伝達することが必要不可欠です。

（2）インテーク面接（初回面接、受理面接）

インテーク面接は初回の面接です。ここではじめて、相談担当者とクライエントが出会います。ここでは、インテーク面接からそのまま継続して

カウンセリングを担当するパターンとインテーク面接だけを担当するパターンがありますが、インテーク面接だけを担当するカウンセラーを特にインテーカーと呼ぶことがあります。

インテーク面接を担当するカウンセラーが行う仕事については、以下の7つのポイントに整理されています（吉田、2009）。

①クライエントから受けるイメージ
　クライエントと出会うことで生じる言語・非言語的メッセージから、クライエントの臨床像をまとめる

②視覚的な仕事として、クライエントの服装や表情、動作などの資料を得る
　クライエントのライフスタイルを反映している可能性がある服装を確認するとともに、表情や行動からクライエントに関する情報を整理する

③聴取により情報を収集する
　家族構成や来談経緯など、カウンセリングを継続する上で有効な基礎的情報を聴き取り、整理する

④クライエントの家族や学校からの客観的な資料や心理検査結果などから情報を得る
　より客観的なクライエントに関する情報を収集し、①〜③と組み合わせることでクライエント像をより明確化する

⑤診断的側面から、クライエントの自我の強さ、現実吟味能力、欲求不満耐性などを確認する
　病的な状態を正確に把握する。そして、その病態によって、適切な

支援法は何かを考える

⑥**見立てをする**

見立てとは、診断と予後を含む全体の見通しを指す。①〜⑤までの情報を整理し、今現在の状態を把握し、今後どのようにアプローチするかを検討する。

⑦**インテーク面接もカウンセリングであることを忘れない**

インテーク面接は、これからのカウンセリングに向けての診断的面接ともいえるが、インテーク面接の場であっても、既にカウンセリングがはじまっていることを決して忘れない。

以上のように、インテーク面接では、クライエントの各種情報を収集し、どのような状態にあり、どのような支援が可能であるかを見極める面接ともいえます。また、インテーク面接で入手した情報は、カウンセリングを継続している過程で多様に変化することがあります。たとえば、当初の主訴がカウンセリングの回数を重ねる内に、別の主訴に置き換わることもあります。したがって、その都度、見立て直しを行い、情報を更新していく必要もあります。

インテーク面接が終了した後、次回以降の面接の予約を受け付け、2回目以降の継続面接がスタートします。

(3) 面接の形

継続し面接を行う時、その面接には形があります。ここでは、並行面接、合同面接、訪問面接を紹介します。

①並行面接

　ある母子がカウンセリングを受ける際、カウンセラーAが母親のカウンセリングを担当し、カウンセラーBが子どものカウンセリングを担当する形は、母子並行面接と呼びます。必ずしも母子である必要はなく、たとえば、夫婦でカウンセリングに訪れ、夫妻別々に、別々のカウンセラーにカウンセリングを受ける場合も並行面接と呼びます。

②合同面接

　クライエントひとりだけではなく、クライエントと密接に関係する他者が同席する形の面接を合同面接と呼びます。たとえば、子どもの問題をテーマとしたカウンセリングを行う時に、父親や母親、兄弟姉妹など、その子どもにとって重要な他者が一緒の部屋に入り、カウンセリングを受ける形態を指します。

③訪問面接

　何等かの理由で相談機関へ訪れることが出来ない場合に、カウンセラーがクライエントのいる環境へ赴き、カウンセリングを実施することを訪問面接（アウトリーチ）と呼びます。カウンセリングの環境（第2章参照）が整っていないことから、通常のカウンセリングと異なる支援活動といえ、カウンセリングよりもケースワークに近い活動ともいえます。たとえば、不登校や引きこもりのクライエントの自宅を訪問する形態です。

第3節
インテーク面接で尋ねる内容

　インテーク面接で聴取する内容は、クライエントの年齢などにより異なります。また、相談機関で準備されたインテークシート（インテーク面接の内容を記入する用紙）に記載されている項目（たとえば、生育歴や相談歴など）により、聴取する内容も異なります。ここでは、インテーク面接を行う際に聴取が必要な項目の例を紹介します。

（1）基本情報

　基本情報として、名前や性別、生年月日、住所、電話番号、家族構成、申込者や紹介者についてなどの情報を聴取します。また、課題を持つ子どもの保護者が来談した際には、支援の対象となる子どもの氏名や学校に関する情報も聴取します。

　たとえば、家族構成を聴取することで家族の関係について推し量ることができる可能性があります。また、子どもを取り巻く環境の中に問題を抱える人や精神疾患を抱える人の存在を尋ねます。

　子どもを対象としたインテーク面接に限ったことではありませんが、連絡先を尋ねる際には、連絡方法についても必ず尋ねる必要があります。カウンセラーあるいは相談機関からクライエントに連絡を取る際、クライエントが了承した連絡先や連絡時間に連絡を取ることは必要不可欠です。カウンセリングを受けていることをひた隠しにしているクライエントもおり、そうした場合、1本の電話により、クライエントの想いに反してしま

うこともあります。

　また、クライエントが他者あるいは他機関から紹介された場合には、紹介者や紹介機関を確認するとともに、その関係についても知ることが大切です。

(2) 主　訴

　クライエントが最も相談したい問題（主訴）を聴取します。クライエントが訴える主訴は、カウンセリングの過程で変化する場合があります。たとえば、「登校中に腹痛を感じ、登校できない」という主訴だった場合でも、カウンセリングを進めている過程で、「友人との関係が思わしくない」という主訴に代わることもあります。

　また、クライエント本人の主訴として語られる問題がクライエント本人の主訴ではなく、他者の問題であることもあります。こうした場合は、目前にいるクライエントとの会話の中で出現する他者の存在も聴取する必要があるでしょう。

(3) 対象者の様子

　カウンセリング時におけるクライエントの表情や態度は重要な情報です。たとえば、過度の緊張がある場合、身体が硬直し肩が上がっていたり、落ち着かない場合に貧乏ゆすりがはじまるなど、その都度、クライエントの様子を注意深く観察し、記録する必要があります。

　また、教育相談場面などで子どもを対象としたカウンセリングを実施しようとした時、子どもの基本的生活習慣（食事や排泄の状況、衣服の脱ぎ着や就寝・起床時間など）、家族との関わり方（父や母、兄弟・姉妹との言語・非言語的やり取りとやり取りへの関心）、社会的集団における様子

（園や学校など集団生活における振る舞い方など）、園や学校の情報（家庭と連携する際のキーパーソンは誰か、特別に支援を行える態勢は整っているかなど）を、保護者などから聴取します。

(4) 生育歴

　生育歴とは、誕生から現在に至るまで、クライエントの生活の中で生じた出来事に関わる情報を指します。たとえば、大きな病気をしたことがあるか否か（病歴）や、クライエントにとって忘れることができないような衝撃的な出来事を経験したことがあるか否か（たとえば、いじめの経験や非行の経験など）を尋ねることもあります。

　子どもを対象としたカウンセリングでは、保護者に対して妊娠中の様子や在胎週、誕生時の体重・身長、首のすわり・這い始め・ひとり立ち・歩きなどをはじめとした発達の様子も尋ねることがあります。

(5) ことばの発達、療育歴

　特に教育相談場面などにおいて子どものカウンセリングを行う時、保護者に子どものことばの発達（話し始めの年齢と発語内容、ことばの理解など）を尋ねることがあります。発話や語の理解、構音に問題がある場合、コミュニケーションに問題があり、子どもの対人関係がうまくいかないこともあります。また、療育歴では、障害がある場合、それに気が付いた際の様子や専門機関への来談歴を尋ね、障害者手帳を持っている場合、種類や取得の時期、級、程度などを尋ねます。

(6) 来談歴、医療歴

　ここに来談する以前に、どのような相談機関にどのくらい来談したことがあるかに関する事項が来談歴です。複数回、期間を空けずに複数の相談機関に来談している場合、カウンセリングがうまく進まないが故の行動であり、カウンセリングに対する失敗経験や不信感を持っている可能性も考えられます。

　一方、医療歴とは、医療にかかった経験を指します。ここでは、診断（診断名と診断時の年齢）、かかりつけの医療機関と診療科、投薬の有無と種類、経過などについて尋ねます。たとえば、眠気などで日常生活に支障が生じている場合には、投薬の影響も考えられ、カウンセリングを継続する際にも貴重な情報です。

　以上の例は、これが全てということではありませ。インテーク面接は、たくさんのクライエントに関する情報を収集する機会です。たくさん情報を聴取する際に、事情聴取にならないよう、自然な流れの会話の中で、自然と情報を収集できるようにカウンセラーがトレーニングを積むことも欠かせません。また、クライエントとの信頼関係（ラポール）を築くことができるようクライエントに傾聴・共感し、十分な専門的な支援を行うこともカウンセラーの役割です。

■ 引用・参考文献 ■
土井健朗（2006）『新訂方法としての面接　臨床家のために』医学書院
Hersen, M. & Van Hasselt, V. B. (1998) Basic Interviewing a Practical Guide for Counselors and Clinicians, Lawrence Erlbaum Association.（深澤道子（監訳）（2001）『臨床面接のすすめ方　初心者のための13章』日本評論社）
國分康孝（1980）『カウンセリングの技法』誠信書房

熊倉伸宏（2002）『面接法』新興医学出版社
松原達哉・楡木満生・澤田富雄・宮城まり子（共編）（2005）『心のケアのためのカウンセリング大事典』培風館
日本心理臨床学会（編）（2011）『心理臨床学事典』丸善出版
西田吉男「インテーク面接」（2004）氏原寛・成田善弘・東山紘久・山中康裕（編）『心理臨床大事典』培風館、p.195-196
大塚義孝（編）（2004）『臨床心理学全書1　臨床心理学原論』誠信書房
佐治守夫・岡村達也・保坂亨（1996）『カウンセリングを学ぶ　理論・体験・実習』東京大学出版会
下山晴彦（2010）『臨床心理学をまなぶ①これからの臨床心理学』東京大学出版会
霜山徳爾（監）・鍋田恭孝（編）（2000）『心理療法を学ぶ』有斐閣選書
氏原寛・成田善弘・東山紘久・山中康裕（編）（2004）『心理臨床大事典』培風館
山蔦圭輔（2012）『こころの健康を支える臨床心理学』学研メディカル秀潤社
山蔦圭輔（2011）『改訂版　心理学・臨床心理学概論』北樹出版
山蔦圭輔・杉山崇（2012）『カウンセリングと援助の実際―医療・学校・産業・行政における心理的支援―』北樹出版、p.18-p.21

第4章
心理療法の理論と実際
精神分析療法

　人間の心理的な問題を考える上で、精神分析的な人間のとらえ方、また、その治療法は有益なものとされています。精神分析では無意識を扱い、非常に興味深い人間理解をしています。
　本章では、精神分析の概要を紹介し、精神分析の世界で提唱されている代表的理論、ならびにその治療法について紹介します。

第Ⅱ部　カウンセリングの理論と心理療法

第1節
精神分析療法の基礎

　精神分析療法は、フロイト（Freud, S.）により創始された精神分析学の中で生まれた治療法です。本書では、精神分析学や精神分析療法をまとめて精神分析とします。

　精神分析は精神医学の領域で研究が進められ、フロイトに後続するさまざまな研究者により多くの知見が積み重ねられています。現在では、フロイトにより創始された理論や技法を基礎におく一連の治療理論や治療体系を精神分析と呼びます。精神分析は客観的に捉えることが難しく、その存在を証明することができない無意識を扱うことに対する批判など、数々の批判を受けながらも、現代まで受け継がれている伝統的な治療法です。しかし、現代に至るまで受け継がれていることや一定の治療効果が認められることなどから、人間の心的問題を解決するひとつの重要な方法といえます。また、精神分析の世界で提唱されているいくつかの理論は、人間理解を促進する重要な理論であり、カウンセリングを実践する上でも十分な理解が求められます。なお、先の通り、精神分析は精神医学の領域で展開している伝統的な学問領域であり、臨床心理学やカウンセリングの領域とは一線を画すといえます。ただし、人間理解や心的問題の解決を志向することは、領域をまたぎ共通することであり、臨床心理学やカウンセリングを学ぶ上で、精神分析的な考え方を知ることには重要な意味があります。なお、臨床心理学やカウンセリングの領域では、精神分析を力動臨床心理学と呼ぶことがあります。これは、次に紹介するイドやエゴ、スーパーエゴの力動関係を象徴した呼び名ともいえます。

第2節
精神分析の理論

　精神分析の領域で提唱された理論は多数あり、いずれも有効な治療の背景に存在する重要な理論です。精神分析では、人間が生得的に有する本能的な欲動が無意識下に潜在しているという基本的な考え方をもっています。これは、リビドーと呼ばれ、フロイトは、リビドーを性的エネルギーと想定しています。したがって、人間は生来的に性的な欲求を充足させようとする生き物であると想定しているといえます。ここでの性的とは、現代社会における性的な意味合いのみならず、攻撃といった意味合いも含みます。

　また、リビドーが性的エネルギーであるという前提のもと、人間の意識を意識・前意識・無意識の3層に分ける局所論、リビドーの充足に向かう本能的な自分を抑える構造を示している構造論、発達の過程で生じる身体部位の欲求を充足させながら成長するという発達論などが精神分析の代表的理論といえます。そして、フロイトに後続する研究者がさまざまな研究を行った結果、特に欲求不満状態に対処するための数々の方策（心理的機制）がまとめられ、これは防衛機制と呼ばれます。

　ここでは、最も基礎的な理論ともいえる、局所論・構造論・発達論、そして防衛機制を紹介します。

(1) 局所論

　人間の意識を、意識・前意識・無意識の3層に分けて捉える考え方を局

所論と呼びます。図4－1はフロイトが提唱した心的装置と呼ばれるモデルですが、上から意識、中間層が前意識、下位層が無意識という配置です。また、最上部のでっぱりの部分で、環境からの刺激を関知します。

　意識は覚醒時に優位になり、大きな筋肉運動を引き起こします。たとえば、起きている時に「走ろう」と意識すると走ることができます。また、前意識は注意すると意識が優位になる無意識ではない意識状態です。とてもリラックスしていてボーッとしている状態と考えてください。そして、無意識は睡眠状態に類似するような意識状態で、こうした意識状態を変性意識状態と呼びます。無意識の状態は覚醒時には関知することができません。そして、無意識は本人も自覚できないような微細な筋肉運動を引き起こすような特徴があります。

　たとえば、悲惨な体験をした場合、その体験はまず、意識の世界で感知されます。悲惨な体験を意識の世界で関知し続けることは非常に苦しく、意識の世界から悲惨な体験を追いやる必要があります。本当であれば、意識の外へ追いやることができると良いのですが、意識の外に追いやることはできません。そこで、無意識の世界に押し込める（抑圧する）ことで、"忘れた状態"になることで、悲惨な体験に脅かされることがないよう心のバランスを整えます。無意識の世界は覚醒時に感知することができないため、ある程度の安定感を確保することはできますが、悲惨な体験は消えた訳ではなく、無意識の世界に抑圧されている状態であり、精神分析では、こうした状態が心理・行動的な問題を引き起こしていると考えます。これが精神分析における基本的な病因論です。したがって、精神分析的な治療を実践する際、無意識に抑圧されている過去経験（前述では悲惨な体験）を扱い、解決することが求められます。

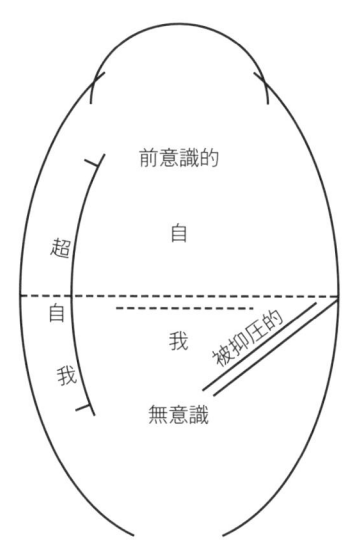

図4-1　フロイトによる心的装置

コラム 外因性・内因性・心因性

　特に精神医学の世界では、心理的な障害が発現する原因について、外因性・内因性・心因性に分けてとらえる場合があります。外因性とは、脳や他の臓器が悪く、それが原因で精神疾患に類似した状態が発現することを指します。たとえば、交通事故などで高次脳機能障害の状態にある時、妄想や幻覚など精神病のような症状が現れることなどは、外因性の例として挙げられます。また、内因性とは、心理的問題が原因だと考えられるものの、それが明確ではなく、外因性でもない状態です。さらに、心因性は、神経症や心身症のように原因が明確に心理的問題であるという状態です。

(2) 構造論

　構造論では、イド・エス、エゴ（自我）、スーパーエゴ（超自我）が想定されています。イドは快楽原則に従うとされています。快楽を志向するということはリビドーに従うことであり、性的な欲動や攻撃欲求を満たすよう方向づけられる心のエネルギーがイドです。したがって、人間がイドしか持たない生き物であれば人間らしい営みを維持することが困難になってしまいます。そこで活躍する心のエネルギーがエゴです。エゴは現実原則に従い、イドを抑えつけます。現実原則とは人間として生きていくために現実に則して最低限必要な原則に従うことを指します。エゴがイドを抑えつけることで、人間として生きる最低限の条件が整うことになります。ただし人間として人間らしく生きるためには、社会的なルールや道徳を守り生活することが求められ、こうした側面を担う心のエネルギーがスーパーエゴです。スーパーエゴは秩序を守る役割を果たし、幼いころからのしつけや教育により形成されます。そしてスーパーエゴはエゴを抑えつける役割を果たします。こうした力関係があることから、精神分析を研究する臨床心理学の領域は力動臨床心理学などと呼ばれることがあります。

　また、図4－1の心的装置にあるように、スーパーエゴ（超自我）は意識の層（上部）から無意識の層（下部）にかけて配置され、エゴ（自我）は前意識（中央部）に配置されています。図4－1にはありませんが、イド・エスは下部の無意識層に抑圧されていると考えてください。

> **コラム　自我の芽生え**
>
> 　自我の芽生えということばは、一般的に用いられる表現ともいえます。発達心理学領域において自我の芽生えということばを用いる時、3歳～5歳くらいを指します。3歳～5歳になると、自身の感情をコ

ントロールする術を知り、他者とのコミュニケーションも多様性を増します。大人からみると、「大きくなったな」という感覚が生じるのもこの時期です。

　自我の芽生えを精神分析の世界で考えると、人間として生きる最低限を守る心のエネルギーが獲得されるということになるでしょう。自我が芽生えるまでの子どもは、養育者や近しい大人が自我の役割を果たしてくれます。一方、発達が進み、自我が芽生え、また強固なものになることで、イドをうまくコントロールできるようになり、"大人っぽさ"が感じられるようになります。こうした中、養育者や教師から社会的ルールを教わることで、スーパーエゴが発達し、社会的なルールに適応できる社会的人間として成長します。

（3）発達論

　フロイトは、自身の臨床経験や自己分析の結果から、性的な欲動は乳幼児期から存在していると考えました。また、発達により、性的な欲動が生じる身体部位を想定するという特徴的な発達論をまとめています。ここでは、5段階の発達段階が想定され、それぞれ、口唇期・肛門期・男根期（エディプス期）・潜伏期・性器期と呼ばれます（表4−1）。

　たとえば、生まれて間もなくは、口と唇に欲動を持ち、それを充足させることを求めるといった考え方です。そして、各発達段階で欲動が充足されない場合には、その段階に固着し、性器期以降のパーソナリティに歪みが生じるとも考えられています。また、ここでの性的な欲動は愛情とみなすこともあり、乳幼児期の養育者との愛着（アタッチメント）を重視した発達論ともいえます。

表4-1 フロイトの発達論

発達段階	年齢	特徴
口唇期	0歳～1歳半	乳房に吸い付くことに快感を覚える
肛門期	1歳半～3歳	排泄に伴い快感を覚える
男根期（エディプス期）	3歳～5歳	ペニスに対する関心と異性の親への性的関心
潜伏期	6歳～12歳	性欲の発達が休止。外界への関心を持つ
性器期	12歳～	正常な性器性欲が発達する

コラム アタッチメント

　アタッチメントという概念は、ボウルビィ（Bowlby, J. 1907-1990）により提唱された概念で、養育者（特に母親）と乳児との情愛的な結びつきを指します。生後1、2ヶ月では泣くことが愛着行動であり、6、7ヶ月以降は泣くことや微笑、発声などが愛着行動となります。また、愛着を求めるために泣くことや接近行動は愛着行動と呼ばれます。

　愛着の段階は、他者に関心を示しますが、①特定他者を区別した行動はみられない段階、②近しい養育者（特に母親）に対する特異的な反応がみられる一方、養育者がいない状況で泣くような行動はみられない段階、③明らかな愛着が形成され愛着行動が活発な段階、④養育者への身体的接近を必要としなくなる段階の4段階に分けられます。発達の過程で、こうした段階を経て、養育者との結びつきを強くするとともに、養育者以外の他者との関係も親密になっていきます。

　アタッチメントを得ることができる養育者との関係の中で、養育者は愛着基地となり、愛着基地を獲得することで、身体的・心理的安定が確保され、子どもの環境への興味関心が高まるとされています。

(4) 力動論・防衛機制

　防衛機制は精神分析の領域で検討された心的機制（こころのバランスを整えるために意図せずに用いる方法）のことを指します。さまざまな心的機制がフロイトに後続する研究者により提唱され理論化されました。そして、こうしたさまざまな心的機制は、フロイトの娘であるアンナ・フロイト（Freud, A.）によって防衛機制として整理されています。ここでは、防衛機制の代表例を紹介します（表4－2）。人間を理解する時にも役に立つ考え方です。

表4－2　代表的な防衛機制

抑　圧	特に嫌悪的な過去経験を無意識下に抑え込む。代表的な防衛機制。
反動形成	受け入れ難い現実に直面しないよう、本来とは逆の態度を過度に強調。 たとえば、好きな子に「好き」と言えず、いじめてしまう。
合理化	自分にとって合理的な説明をすることで、欲求不満に対処。 たとえば、イソップ童話のすっぱいブドウのように、本当は欲しいものがあっても、それが手に入らない場合、「そもそもいらなかった」と自分にとって合理的な説明をする。
置き換え	代理満足とも呼ばれる。たとえば、犬を飼いたいという状況で、それが叶わない場合、ぬいぐるみを収集することで対処する。
退　行	以前の未熟な発達段階へ逆戻りすること。 たとえば、弟妹が生まれ、自分に向いていた親の関心が弟妹に向いた時、親からの愛情を一心に受けていた発達段階へ退行し、指しゃぶりが再現するなど。
投　射	自身の認めがたい感情を、他者へ向ける たとえば、苦手な他者がいた場合、「相手が自分のことを嫌っている」と理解する
補　償	劣等感に対する防衛機制。 たとえば、学業で劣等感を抱えている場合など、スポーツに力を入れ、成功することで対処するなど
逃　避	受け入れがたい状況に直面した時、それに脅かされないよう、病気や空想の世界へ逃げ込む。 たとえば、自信のない重要な仕事を目前に、体調不良に陥るなど。

転 移	患者から治療者へ向けられる感情を転移感情と呼び、その状況を転移と呼ぶ。また、好ましい感情を向ける場合は陽性転移、嫌悪感情を向ける場合は陰性転移と呼ぶ。反対に治療者から患者へ転移感情を向ける場合、逆転移と呼び、好ましい感情を向ける場合は陽性の逆転移、嫌悪感情を向ける場合は陰性の逆転移と呼ぶ。
昇 華	社会的に認められない性的・暴力的な欲求を、特に芸術や学業など、社会的に認められる形で充足する。
自己懲罰	罪悪感に対処するため、自己破壊行動（自傷行為など）を行う。

コラム 欲求不満の理論

　ローゼンツァイク（Rosenzweig, S., 1907-2004）は、外的・内的環境から生じる欲求をそれぞれ、外的フラストレーション（自分以外の環境が原因となる欲求不満）と内的フラストレーション（自分自身が原因となる欲求不満）に分類しました。さらに、外的フラストレーション・内的フラストレーションとも細かく分類し、外的フラストレーションでは、欠乏・欠如（経済的・物理的な欠如）、喪失（死や別れによる喪失）、葛藤（欲求充足行動の阻止など）、また、内的フラストレーションでは欠陥・不足（自分自身の能力不足・身体的欠陥）、損傷（病気・事故などによる損傷）、葛藤（失敗への不安や良心などに基づく行動の制限）に分けています。

　また、ローゼンツァイクは、フラストレーション状態下での反応を障害優位（欲求不満を起こさせた障害を指摘する）・自我防衛（自我を強調し、自分自身を守る）・要求固執（問題解決へ固執）に分類し、フラストレーション状況における自我の攻撃方向を外罰的（外へ攻撃を向ける、責任転嫁）・内罰的（自己に原因を帰属し攻撃を向ける、自己批判）・無罰的（非難せず、抑圧する）に3分類しました。この分類は、P-Fスタディ（Picture-Frustration Study）の基礎理論（第14章参照）です。

第3節
精神分析の方法

　局所論で簡単に紹介した通り、精神分析の病因論は、過去の経験が無意識下に抑圧されていることにあります。過去の悲惨な経験が無意識の世界に抑圧されており、意識状態では感知することができないものの、無意識下に潜在している経験が現在の問題を引き起こしていると考えます。したがって、無意識の世界を探り、未解決な過去の問題を解決することが精神分析の治療法ということになります。

　フロイトによる治療の初期では、無意識の世界を探る方法として、主に催眠が行われていました。これは、フロイトが、ヒステリー研究で催眠を用いていたシャルコー（Charcot, J. M.）に師事していたことに起因します。催眠といっても、メディアなどで扱われる劇的な変化が伴うショー催眠とは異なり、主に言語暗示を用いる変性意識状態（前意識や無意識が優位になっている状態）を誘導する方法です。催眠状態に誘導し、前意識や無意識の世界にアクセスすることで、抑圧された過去の未解決な問題を解決するということが、精神分析の代表的な治療法といえます。

　精神分析的な治療が実践される中で、自由連想法といった特徴的な方法が実践されるようになります。自由連想法は、寝椅子にリラックスして横になり、患者が自由に発話するといったものです。無意識の世界に抑圧されている問題は、意識状態で自由に発言されたことばに投影されることから、そのことばを解釈することで、無意識下に潜在する問題を解決するといった方法です。

　また、催眠や自由連想法などといった特徴的な技法を用いること以外に、

患者との治療場面で生じる抵抗（例えば、発話を中断することなど）や転移（たとえば、父親へ向けるべき感情を、父親と同世代の男性治療者に向けるなど）の意味を解釈し、解釈した結果を患者へフィードバックすること（解釈投与）で、患者の洞察を促すことも精神分析の特徴的な治療法です。

<まとめ>

　精神分析的な治療を実践する前提として、専門機関における十分なトレーニングが必要であることや、教育分析（カウンセラー自身がクライエントとなり精神分析を受けること）が必要とされています。そして十分なトレーニングとは、10年単位の非常に険しい道のりといわざるを得ません。また、精神医学の世界で発展し、現代でも精神分析医といった呼び名があるように、医師にとってマッチングが良い治療法といえるかも知れません。

　本章では、精神分析の複雑かつ重要な概念を簡略化して紹介しました。また、無意識という心的世界あるいはフロイトが提唱した心的装置は実証的に証明することが難しく、場合によっては、精神分析の各理論あるいは精神分析自体が批判の対象になることがあります。

　しかしながら、精神分析の基本的理念を理解することは、クライエントの理解につながります。たとえば、クライエントを理解する際、防衛機制の観点から理解することで、理解の幅が広がることも期待できます。精神分析療法を用いたカウンセリングを実施しないまでも、目の前のクライエントを多面的に理解する際の有効情報となるものが精神分析のエッセンスといえます。

■ 引用・参考文献 ■

馬場 禮子（2008）『精神分析的人格理論の基礎—心理療法を始める前に』岩崎学術出版社

成田善弘 (2004)「第6部精神分析.」氏原寛・成田善弘・東山紘久・山中康裕 (編)『心理臨床大事典』培風館、p.957-1122

北山修 (2001)『精神分析理論と臨床』誠信書房

Milton, J., Polmear, C, & Fabricius, J. (2004) A Short Introduction to Psychoanalysis、Sage Publications of London.(松木邦裕 (監訳)・浅野元志 (2006)『精神分析入門講座』岩崎学術出版社)

小此木啓吾・岩崎徹也・橋本雅雄・皆川邦直 (編) (1981)『精神分析セミナー1 精神療法の基礎』岩崎学術出版社

小此木啓吾・岩崎徹也・橋本雅雄・皆川邦直 (編) (1982)『精神分析セミナー2 精神分析の治療機序』岩崎学術出版社

小此木啓吾・岩崎徹也・橋本雅雄・皆川邦直 (編) (1983)『精神分析セミナー3 フロイトの治療技法論』岩崎学術出版社

小此木啓吾・岩崎徹也・橋本雅雄・皆川邦直 (編) (1987)『精神分析セミナー4 フロイトの精神病理学理論』岩崎学術出版社

小此木啓吾・岩崎徹也・橋本雅雄・皆川邦直 (編) (1985)『精神分析セミナー5 発達とライフサイクルの観点』岩崎学術出版社

第5章
心理療法の理論と実際 来談者中心療法

　来談者中心療法はアメリカで生まれた心理療法です。そして、日本においてカウンセリングといった時、そのベースに来談者中心療法の理念や方法が存在していることが多く、カウンセリングを学ぶ際に必要不可欠な理論ならびに技法をもつ心理療法が来談者中心療法といえます。
　本章では、ロジャーズによる理論とその理論に基づく心理的支援法について紹介します。

第1節
来談者中心療法の基礎

　来談者中心療法（クライエント中心療法）はロジャーズ（Rogers, C. R.）により創始された心理療法で、1940年代以降アメリカにおいて発展します。ロジャーズは、その技法として、傾聴や共感などの重要性に言及しており、こうした特徴から、特にわが国では、来談者中心療法に基づく心理的支援をカウンセリングと位置づけることもあります。

　ロジャーズは建築技師の父と敬虔なプロテスタントであった母との間に生まれ、22歳になると神学をニューヨークのユニオン神学校で学びます。そして、心理学に興味を持ち、その後、コロンビア大学に入学し、臨床心理学ならびに教育心理学を学びました。また、1928年、ロジャーズ26歳の時、ニューヨーク州のロチェスター児童愛護協会に就職し、1940年、38歳の時、オハイオ州立大学に心理学を専門とする教授として迎えられます。この時期に非指示的な手法を用いる来談者中心療法が誕生しました。また、1945年、43歳の時、シカゴ大学に教授として迎えられ、カウンセリングセンターを設立しました。そして、1957年、55歳の時にウィスコンシン大学へ移り、来談者中心療法の中核となる理論が記された書籍『治療的パーソナリティ変化の必要にして十分な条件』を出版しています。そして、62歳で大学退職後、エンカウンター・グループの実践に取り組みました。

　ロジャーズが来談者中心療法を開発した時期は、アメリカにおいて、人種差別をなくし、人間が人間らしく生きることを志向する人間性心理学の盛期でした。こうした社会的風潮と、人間の存在（クライエントの存在）

を尊重するロジャーズの来談者中心療法の理念は非常にマッチしており、来談者中心療法はアメリカにおいて急速に広まることになります。

来談者中心療法では、クライエントには自己実現傾向が備わっていると想定し、"悪い状態"にあるクライエントに対しては、自己実現傾向が回復するよう寄り添い支援する重要性が示されています。これもまた、クライエントの存在や価値を重視し、クライエントがクライエントらしく生きることを支援する姿勢といえるでしょう。そして、支援を実践する上で、以下の点が備わっていることが必要であるとしています。

- クライエントとカウンセラーが心理的に接触していること
- クライエントは、傷つきや不安などを抱え、不一致の状態にあること
- カウンセラーと呼ばれる人は、治療関係の中では一致し、統合された状態にあること
- カウンセラーはクライエントに無条件の肯定的配慮をもって接していること
- カウンセラーはクライエントの内的照合枠を感情移入的（ここでの感情移入とは、感情に浸り巻き込まれるということではなく、共感的に理解するという意）に理解していること
- クライエントはカウンセラーが無条件の肯定的配慮をもって接していることや感情移入的に理解していることを少なからず体験していること

また、以上のような条件を満たすために、カウンセラーには、真実（real）や純粋さ（genuineness）を持った自己一致、無条件の肯定的配慮や受容、共感的理解の姿勢が求められます。

第2節
来談者中心療法の理論

　来談者中心療法の背景には、いくつかの特徴的な自己のとらえ方があります。ここでは、来談者中心療法を支える中心的な理論である自己理論とその周辺の理論を紹介します。

(1) 現象的場

　ロジャーズは、「われわれが日常で体験している世界は、各個人の主観的な認識によって成立している"いわば私的な場、私的な世界"である」と考えています。そして、各個人が有する私的な世界を現象的場（phenomenal field）と呼んでいます。
　たとえば、悩みを抱えているクライエントを知ろうとする時、クライエント固有の現象的場を知ることができると良いかも知れません。ただし、現象的場は生まれてから今に至るまでの膨大な経験が蓄積された場所であり、その全てはカウンセラーであっても知ることは難しく、また、クライエント自身も自分の現象的場を適確に全て知ることは困難です。

(2) 内的照合枠・外的照合枠

　現象的場は、個人に固有の私的な場です。現象的場には、各個人の経験が蓄積されますが、単純にそのまま蓄積されるわけではなく、個々人の内的照合枠（internal frame of reference）を通して蓄積されます。たとえば、

「自分は全員から好かれなくてはいけない」という内的照合枠を持っている場合、全員に好かれるという経験ができない場合、否定的な経験が現象的場に蓄積されることになります。

一方、いろいろな経験をしている自分を他者の立場から認識する時に用いるものが外的照合枠(eternal frame of reference)です。外的照合枠は第三者的な観察眼であり、外的照合枠から自己(現象的場)を見た時に発見できるものが自己構造です。

内的照合枠も外的照合枠も、自分自身の"見方"です。

(3) 自己構造

自己構造とは、外的照合枠(eternal frame of reference)を用い、客観的に把握している自己であり、自己イメージに類似する概念と考えてください。他人の立場から自分自身を見つめた時に知ることができる自分が自己構造です。"内的照合枠を通して形成されるものが現象的場"であり"外的照合枠から現象的場をみた時に自覚される自己イメージが自己構造"とまとめることができるでしょう。

たとえば、"全員に好かれる必要がある"という基準(内的照合枠)を持つクライエントがいたとします。そこで、外的照合枠を用い、現象的場を確認し、"全員に好かれる自分"が自己構造として概念化されます。

(4) 自己理論

次頁の図5-1で示した、Iは自己構造、IIは現実的な経験とされています。またIIIは、自己構造と現実的な体験が一致している状態を示しています。図5-1の左はIIIの領域が狭く自己不一致の状態、右はIIIの領域が広く、より自己一致している状態を意味しています。

自己理論では、自己一致状態が心理的安定状態であり、カウンセリングの過程では、クライエントの自己一致を促すよう支援することが求められます。"全員に好かれる自分"（自己構造）と"全員に好かれることができない"（経験）とが不一致である場合、不安定な状態になるということであり、こうした場合でも、自己構造と経験との一致が必要です。

自己一致を促進するためには、自己構造を変容させるか、現実的な体験を自己構造へ近づけるか、いずれかの選択肢がありますが、心理臨床的な立場から来談者中心療法を用いたカウンセリングを実施する場合、クライエントが自身の自己構造を整理し、できるかぎり、現実の体験へ近づけていけるように支援を行います。"全員に好かれる"ように頑張って振る舞うのではなく、"全員に好かれる自分"（自己構造）や"全員に好かれなくてはならない"（内的照合枠）という個人的な基準を修正することが求められます。

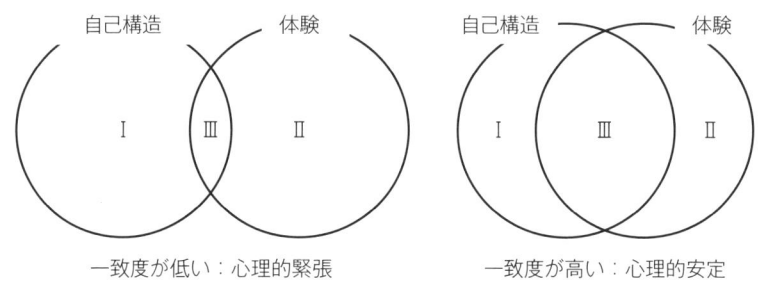

図5−1　自己一致と自己の不一致

あらゆる体験を意識化し、凝り固まらず柔軟な自己構造を持つことで自己一致に至る可能性が高まります。また、自己一致が促進されるような状態は、十分に機能する人間（fully functioning person）と呼ばれ、十分に機能した人間として日々の生活を生きることが来談者中心療法をベースとしたカウンセリングの目標です。

第3節
来談者中心療法の方法

　来談者中心療法では、十分に機能した人間を目指し、自己一致を促進するため、カウンセラー自身が自己一致した状態にある中、クライエントへ無条件の肯定的関心を持ちながら受容し共感することが求められます。また、過去の体験にしばられず、「今、ここでの体験（here and now experience）」を重視します。

　クライエントの今、ここでの体験や自己一致の程度を知るためには、図5−1で示したⅠ自己構造やⅡ現実的な体験を十分に知る必要があります。そこで、カウンセラーは、カウンセラーとして求められる姿勢を保ちながら、クライエントに傾聴することが求められます。傾聴とは、聞く（聞き流す）ことや訊く（詰問する）ではなく、耳を傾けて聴くことを意味します。また、聴くことと併せて、観察することも重要です。クライエントの雰囲気や表情、動作など非言語的なメッセージを観察し、クライエントの自己構造や現実的な体験を十分に知るための情報を手に入れることが求められます。また、自己概念や自己構造が内的照合枠や外的照合枠を通して形成されることから、傾聴する時、自己構造や現実的な体験のみならず、内的照合枠や外的照合枠についても知る必要があります。

　また、来談者中心療法では受容や共感はカウンセラーの重要な姿勢であることが強調されています。クライエントを受け入れ（受容）、クライエントの感情を「あたかも自分のことであるかのように」感じ考える（共感）ということですが、これを実現するためには、カウンセラーが脅かされることのない"心理的な安定感"を手に入れる必要があります。これがカウ

ンセラーに求められる自己一致ですが、カウンセラーが完全な自己一致状態に至ることもまた難しいといわざるを得ません。したがって、カウンセラーに求められる自己一致とは、自己構造と現実的な体験の一致・不一致状態を十分に知っていることといえるでしょう。また、こうした安定感を持って受容し共感することで、クライエントの有する感情に流されることなく、クライエントの感情を「あたかも自分のことであるかのように」感じ取り考えることができるようになります。「あたかも自分のことであるかのように」感じ考えるということは、クライエントの内的照合枠を使って考えてみるということです。すなわち、クライエントの主観的な基準を十分に聴き取り、その基準を使ってクライエントの現実的な体験を考えてみるということが、来談者中心療法における受容や共感といえるでしょう。

＜まとめ＞

　来談者中心療法は、カウンセリングのベースともいえます。それは、傾聴や共感などといった、クライエントへの姿勢が、クライエントの問題解決や成長に寄与することが理由です。たとえば、青年期において、自分のこれからのキャリアに想い悩む場合や、職場の人間関係によるストレスでもがいている場合など、自己構造と現実の経験との一致を促進していく来談者中心療法のアプローチは有効です。

　カウンセリングのトレーニングを行う時、傾聴の練習を行うだけで、その背景に存在する理論が十分に理解されていないことがあります。聞き慣れない用語が多く、難解に感じるかもしれませんが、十分に理解した上で、正しいカウンセリングのスタイルを学ぶことが大切です。

　一方で、クライエントの病態が重篤である場合、傾聴や共感だけでは意味をなさないこともあります。したがって、クライエントの状態に依存する心理療法であるといえます。そして、カウンセリングのベースといわれるように、これから紹介する数々の心理療法のベースになるのも来談者中

心療法といえるでしょう。

■ 引用・参考文献 ■
久能徹・末武康弘・保坂亨・諸富祥彦（2006）『改訂 ロジャーズを読む』岩崎学術出版社
野島一彦（2004）「クライエント中心療法」氏原寛・成田善弘・東山紘久・山中康裕（編）『心理臨床大事典』培風館、p.307-312
末武康弘（2004）「ロジャーズ―ジェンドリンの現象学的心理学」氏原寛・成田善弘・東山紘久・山中康裕（編）『心理臨床大事典』培風館、p.131-135
Tudor, K. & Merry, T. (2002) Dictionaly of Person- Centred Psychology. Whurr publishers（岡村達也（監訳）小林孝雄・羽間京子・箕浦亜子（訳）(2008)『ロジャーズ辞典』金剛出版）
Rogers, C. R. (1989) On Becoming a Person: A Terapist's View of Psychotherapy. Houghton Mifflin Company.（諸富祥彦・末武康弘・保坂亨（訳）(2005)『ロジャーズが語る自己実現の道』岩崎学術出版社

第6章
心理療法の理論と実際 行動療法

行動療法は、客観的な行動を扱った心理学である行動主義心理学をベースに発展した心理療法です。アメリカを中心に展開しており、問題行動を修正するさまざまな技法は、現代社会においても活用されています。

本章では、行動療法の成り立ちと具体的な技法を紹介します。

第1節
行動療法の基礎

　行動療法は、1950年代以降、異常行動に対する介入法として台頭しました。行動主義心理学をはじめとした心理学領域で検討された学習理論や行動理論に基づき、不適応的な行動の改善を目的とした行動の修正に関わる治療技法が体系化されたものです。

　これまでに紹介した精神分析では、ターゲットは無意識に抑圧された過去経験であり、来談者中心療法では、自己構造と経験との一致を促進することがターゲットでした。行動療法でターゲットとするものは、過去経験でも自己イメージでもなく、今ここで生じている問題行動です。これは行動療法の特徴で、クライエントの問題行動が"いつ"、"どのようなタイミングで"、"どの程度"生じるかを詳細に検討・分析し、また、技法を駆使することで、問題行動をなくすことが目的となります。

　行動療法の創始者を特定することは難しく、スキナー（Skinner, B. F.）によりはじめて使用された用語であるとされています。また、アイゼンク（Eysenck, H. J.）の著書である『行動療法と神経症』により広く一般に普及したとされ、ウォルピ（Wolpe, J.）によって「学習の原理やパラダイムを適用し、不適応的な習慣を克服すること」と定義づけられています。

　行動療法の背景には、以下で紹介する、古典的条件づけ（レスポンデント条件づけ）や道具的条件づけ（オペラント条件づけ）、モデリングなどの学習理論があり、これらの知見に基づき、"人間の行動がどのように学習されているのか"や"不適応的な行動を消去するためにはどのような方法があるのか"、"より適応的な行動を学習させるためにはどのような方法

があるのか"などを検討します。そして、学習のメカニズムを明確化した上で、各種技法(行動を変容させるために体系化された各種技法)を駆使し、不適応から適応へと行動の変化を促進することが目的となります。

第2節
行動療法の理論

行動療法の背景には、さまざまな行動や学習に関する理論があります。その内、本書では、最も基礎的な理論として、古典的条件づけ・道具的条件づけ・モデリングを紹介します。

（1）古典的条件づけ

古典的条件づけはロシアの生理学者パブロフにより提唱された理論です。パブロフは、犬の生得的行動（唾液の分泌）について図6－1のような実験を行いました。

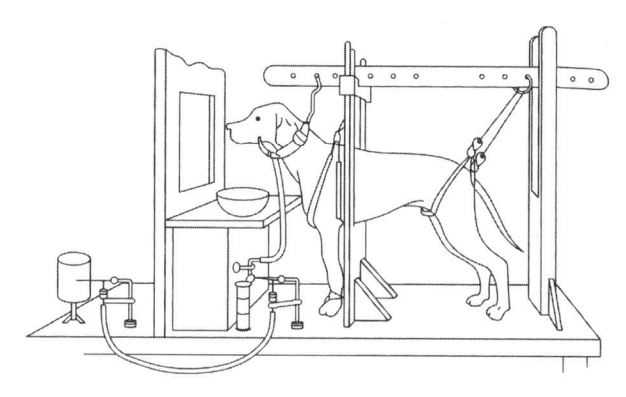

図6－1　パブロフの犬の実験

ここでは、まず、無条件刺激（無条件の生得的反応を生じさせる刺激：肉粉）を提示することで無条件反応（無条件刺激を提示されることで無条

件に生じる反応：唾液の分泌）が生じるという刺激と反応との関係がある中、無条件刺激（肉粉）と中性刺激（無条件反応を生じさせることのない刺激：メトロノームの音）とを対提示します。そうすると、条件刺激（元の中性刺激：メトロノームの音）を提示することで条件反応（元の無条件反応：唾液の分泌）という新しい刺激と反応との関係が形成されることを実験的に明らかにしました。この実験を通して、肉粉と一緒にメトロノームの音を聞かせるといった操作を行うことで、メトロノームの音を聞くだけで唾液が分泌されるように条件づけることができるということが証明されました。

同時期にアメリカの心理学者ワトソン（Watson, J. B.）は、人間の行動にターゲットを絞った行動主義心理学（第1章参照）を創始し、人間の行動は環境からの刺激により形成され、ある刺激は決まってある行動を喚起するといった考え方を提唱しました。パブロフの古典的条件づけと非常に似通った考え方といえます。

ワトソンの有名な実験のひとつに、アルバート坊やの実験（Watson & Rayner, 1920）（図6－2）があります。この実験では、アルバート坊やに白うさぎ（刺激）を提示することで接近（行動）するという刺激（Stimulus）と行動（Response）との関係（S－R）が成立している状態で、白うさぎと非常に良く似た白ねずみを提示します。そして、白ねずみと嫌悪刺激（金槌で金棒を叩く）を対提示すると、白ねずみからは回避し、それと同様に、はじめ接近していた白うさぎを回避するように行動が形成（新しいS－Rの形成）されることが明らかとされました。

よく似たものに対して同様に反応することを般化と呼びます。したがって、白ねずみ（嫌悪刺激を対提示され、回避の対象となっている刺激）のみならず白うさぎ（当初は接近していた刺激）も回避するといった現象は、般化といえます。般化が進むと、白いもの（白衣やサンタクロースのひげなど）も回避する現象が生じます。

(1) 子どもは白ウサギと遊んでいる。
(2) 白ネズミがあらわれると同時に金づちをたたいて大きな音を鳴らす。
(3) 子どもは白ウサギを見て回避する。
(4) 白いマスクや白衣を見ても回避する。

図6-2　アルバート坊やの実験

　また、ワトソンは、「私の前に健康な子どもを1ダース用意しなさい。彼らを育てるための、私自身が詳細を決定できる環境を与えてくれるのであれば、その中から自由に1人を選び、その1人を医師にでも弁護士にでも、そして教師にでも何にでも好きなものに育ててみせよう」という名言を残しています。これも、ある決まった刺激を与えることで決まった行動が生じるという理論に基づいているもので、たとえば、教師になった人物の生活環境（刺激）と全く同じ環境を子どもに提示することで、結果としてその子どもも教師になることができるという考え方です。

　また、一度形成されたS-Rの関係を打ち消すことを消去と呼びます。たとえば、消去では、アルバート坊やに白うさぎを提示している際に嫌悪刺激を提示しない手続きを踏むことで、白うさぎ（S）-回避（R）の関係が解消されることを指します。そして、ある特定の刺激にのみ反応させることを分化と呼びます。たとえば、白ねずみにのみ嫌悪刺激を提示し、白うさぎや白衣には嫌悪刺激を提示しない手続きを踏むと、白ねずみのみ選択的

に回避するように学習することがあり、これが分化です。

(2) 道具的条件づけ（オペラント条件づけ）

オペラント条件づけは、スキナーなどにより実験的に明らかにされた理論です。たとえば、スキナーは、スキナーボックスと呼ばれる箱を用い動物実験を行いました(Skinner, 1953)（図6－3）。スキナーボックスには、押すことで餌が出るレバーとランプが設置されています。

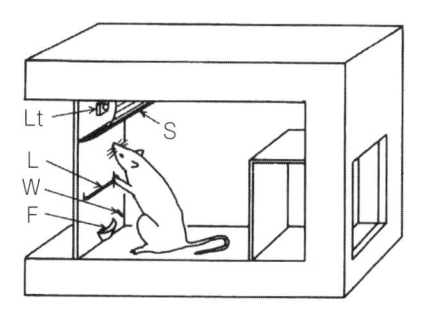

道具的（オペラント）条件づけの代表的な装置。白ネズミがレバー（L）を押し下げると、食物皿（F）に食物が与えられる（あるいはWから水が与えられる）。Ltは照明、Sはスクリーン。

出典：Keller & Schoenfeld, 1950

図6－3　ねずみ用のスキナーボックス

空腹のねずみをボックスの中に入れ、偶然ねずみがレバーに触れることで、餌が出ます。そうすると、はじめ偶然に生じていた行動が、自発的に生じるようになり、この一連のプロセスが道具的条件づけ（オペラント条件づけ）です。なお、オペラントとは自発的なという意味で、オペラント行動（自発的な行動）を形成する一連のプロセスが道具的条件づけです。

オペラント条件づけを達成するためには、オペラント行動が生じた時、報酬（強化子）となるものを与える必要があります。報酬を与え、オペラント行動を随伴させること（学習させること）を強化と呼びます。

強化は、正の強化と負の強化に大別されます（図6－4）。正の強化は、強化子を与え行動の出現率を増大させること（たとえば、良い行動が出現した時、ご褒美をあげることでその行動を維持させる）を指し、負の強化は、嫌悪刺激を除去することで行動の出現率を増大させること（たとえば、叱ることをやめることで、自由な行動が生じる）を指します。強化を行った時は、正・負に関わらず、ある行動の出現率が増大する必要があります。一方、行動の出現率を減少させることを罰と呼びます。罰にも正の罰、負の罰が存在します。正の罰は、罰子を与えることで行動の出現率を減少させること（たとえば、叱ることで、好ましくない行動を減らす）を指し、負の罰は、強化子を差し引くことで行動の出現率を減少させること（たとえば、減給することで失敗を減らす）を指します。

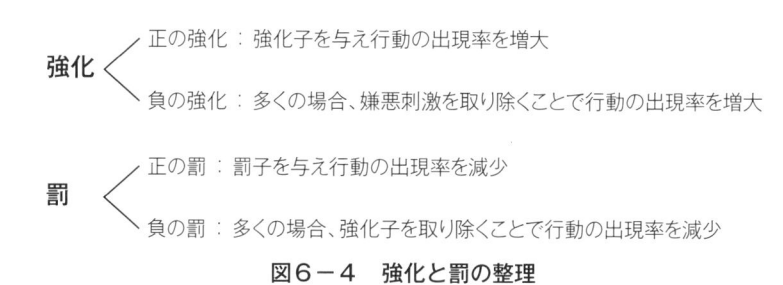

強化〈 正の強化：強化子を与え行動の出現率を増大
　　　　負の強化：多くの場合、嫌悪刺激を取り除くことで行動の出現率を増大

罰〈 正の罰：罰子を与え行動の出現率を減少
　　　負の罰：多くの場合、強化子を取り除くことで行動の出現率を減少

図6－4　強化と罰の整理

　また、ねずみがレバー押し行動を学習した時、レバーを押してもランプがついている時にだけ餌が出るように操作した場合、ねずみはランプがついている時にだけレバーを押すように学習します。この時、ランプは弁別刺激と呼ばれ、ランプ（弁別刺激）－レバー押し（行動）－餌（強化子）という3つの関係は三項随伴性と呼ばれます。

　古典的条件づけと同様に、道具的条件づけ完了後、類似する刺激に対してオペラント行動が後続することを般化と呼びます。たとえば、空き缶を拾い捨てるオペラント行動に後続してアメ（強化子）を提示することで、空き缶を捨てる行動が獲得されるとします。そこで、空き缶だけではなく

空きビンも捨てるようになることが般化です。一方、特定の刺激にのみオペラント行動を後続させる手続きを弁別と呼びます。弁別は、空きビンを捨ててもアメを与えず、空き缶を拾った時にだけアメを与えることで、空き缶という刺激にのみ選択的にオペラント行動を後続させる手続きです。

コラム 問題解決の回数と解決までの時間

条件づけや学習に関する研究がつみ重ねられる中、同じ問題解決を繰り返すことで、解決までの時間が短くなることが認められ、こうしたことは効果の法則と呼ばれます。たとえば、ソーンダイク（Thorndike, E. L.）は、猫を実験対象として、問題箱を用い、"箱から脱出して餌を手に入れる"ことを問題解決とした実験を行いました。その結果、問題箱の外に出て餌を手に入れることを数度繰り返すことで、脱出までの時間が短くなることを発見しました（下図）。こうした学習を試行錯誤学習と呼びます。ワトソンのS-R理論から考えると、刺激（問題箱）が同じであれば、行動（脱出）も必ず一致するはずなので、脱出までの時間も変わらないはずです。効果の法則はワトソンの考え方を反証するともいえます。

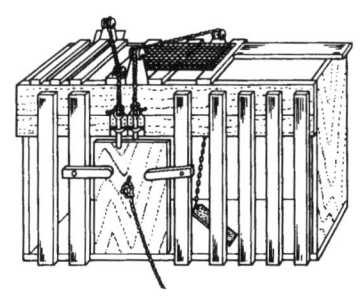

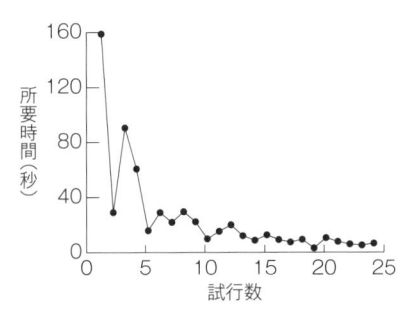

ソーンダイクの問題箱と効果の法則

(3) モデリング

モデリングとは、他者の行動を観察することで、その行動を学習することを指します。モデリングは、バンデューラ（Bandura, A.）によって提唱された社会的学習理論のひとつです。モデリングの実験では、ある子どもがぬいぐるみと乱暴に遊んでいる場面で報酬を受けるといった状況が設定されています。その状況を見た別の子ども（普段、ぬいぐるみと乱暴に遊ぶことはない子ども）が同様の環境でぬいぐるみとどのように遊ぶかが観察されました。その結果、その状況を見た別の子どもも、ぬいぐるみを乱暴に扱うことが確認されました。このことから、本人が報酬を得ていない場合であっても、他者が報酬を受け取る場面を観察すること（代理強化）で、行動の形成が促進される（代理強化により直接行動が形成されるのではなく、行動形成の促進要因となる）という結論に至り、このプロセスがモデリングです。また、モデリングには、①注意過程、②保持過程、③運動再生過程、④動機づけ過程の4種があり、モデルをどのように提示し、また何を提示するかにより、多様な方法が存在します（図6-5）。

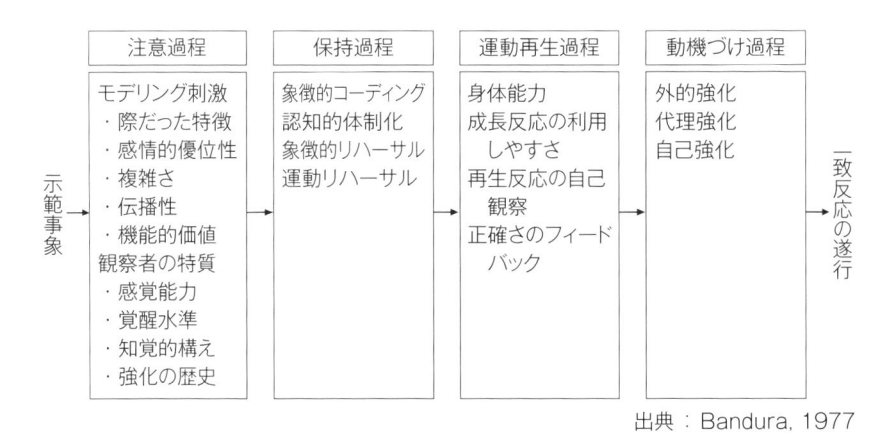

示範事象	注意過程	保持過程	運動再生過程	動機づけ過程	一致反応の遂行
	モデリング刺激 ・際だった特徴 ・感情的優位性 ・複雑さ ・伝播性 ・機能的価値 観察者の特質 ・感覚能力 ・覚醒水準 ・知覚的構え ・強化の歴史	象徴的コーディング 認知的体制化 象徴的リハーサル 運動リハーサル	身体能力 成長反応の利用しやすさ 再生反応の自己観察 正確さのフィードバック	外的強化 代理強化 自己強化	

出典：Bandura, 1977

図6-5　モデリングの過程

第3節
行動療法の方法

　行動療法の特徴として、客観的な行動を対象とすることや、問題行動や症状を"不適応的な行動の学習"、"適応的な行動の未学習"の状態ととらえることなどが挙げられます。また、現在の状態（行動）を対象とし、最終的にはクライエントがセルフコントロールできるようになることを目標とします。

　行動療法を施行する際、まず、クライエントの症状や問題を十分にアセスメント（評価）し、行動分析をすることで治療仮説を立てます。行動分析とは、たとえば、三項随伴性（p.82）の観点から、ある環境でどのような問題行動が随伴し、その問題行動はどのように強化されているかなどといった分析です。また、治療仮説とは、行動分析の結果に基づき、問題行動の出現率を減少させるために、具体的にどのような関わりを持つか検討することを指します。そして、治療仮説に則り、具体的に支援を行った後、問題行動の出現率の低下（あるいは問題行動の消失）を確認し、一定の低下（消失）が認められた際に、治療は終結します。

　行動療法を実施する際に用いるさまざまな技法は、古典的条件づけや道具的条件づけ、モデリングといった理論を背景に持つもので、体系化された方法といえます。そして、これらの技法は、治療仮説に基づき取捨選択し、クライエントにとって最も効果的なものを採用する必要があります。また、行動療法を通して身に付けられる望ましい行動は、日常生活においても引き続き維持できることも求められます。

　以下に行動療法で用いられる代表的な技法を紹介します。

（1）シェイピング法

　シェイピング法は、目標とする行動（適応的な行動）を形成する過程で、スモールステップで段階的に行動を形成する方法です。ある大目標を達成したい時、その大目標を小目標に細分化し、達成しやすい目標から達成することで、漸進的に大目標の達成を目指します。小目標を達成できた際に生じる達成感が強化子となることで、その次の行動が維持されることが特徴です。

　たとえば、不登校児童を対象にシェイピング法を用いる場合、登校するという大目標を構成する小目標（朝登校時間までに支度をする、校門まで登校してみる、教室で椅子に座ってみる、保健室で1日を過ごす、半日だけ授業を受けるなど）を設定し、段階的に実行することで、最終的に登校し1日授業を受けるという大目標を達成することを目指します。

（2）トークンエコノミー法

　トークンエコノミー法は、望ましい行動が出現した際にトークンと呼ばれる強化子を与えることで、その望ましい行動を形成することを指します。シェイピング法を用いる際、ある目標を達成した際にトークンエコノミー法を用いることもあります。トークンエコノミー法では、外的報酬を強化子とし、行動の形成を目指します。

　たとえば、（1）シェイピング法で紹介した例でいえば、小目標を達成した場合に、シールを渡すなどの方法がトークンエコノミー法です。夏休みのラジオ体操で、ハガキ大のカードに毎日シールをもらうことでラジオ体操に出かける行動が持続することや、ポイントカードにポイントがたまることで、そのお店で購買する行動が持続するといったことも、トークンエコノミー法の効果といえます。

(3) 系統的脱感作法

　系統的脱感作法は、たとえば、不安反応が生じた場合、それに拮抗する体験（筋弛緩訓練など）を用い、系統的に不安に対処（脱感作）し、不安を低減させる方法です。系統的に不安に対処する過程では、不安階層表（表6-1）などを作成することもあります。

表6-1　不安階層表の例

段階	状況	SUD（不安の得点）
1	入浴中	0点
2	人前で話すこと予定が入る	10点
3	人前で話す3日前になる	13点
︙	︙	
13	人前で話すイメージをする	85点
14	人前で話す5分前	98点
15	実際に人前で話す	100点

不安を喚起する場面を複数挙げ、不安の強度順に並べ、その不安に得点（0点～100点）をつける。
得点は5点刻み10点刻みなど等間隔である必要はない。

　たとえば、人前でスピーチをすることに不安を感じるクライエントの場合、不安階層表を用いて、スピーチに関する不安を細分化し、順序立てます。そして、適度に不安を感じる場面からイメージし、不安を再体験すると同時に、その不安を低減させるような筋弛緩訓練を行います。そこで成功するのであれば、次の段階の不安へ対処することを、またイメージの中で行い、最終的には、最大の不安を喚起するスピーチ場面で、その不安にうまく対処できるようになることを目指します。

> **コラム** リラクセーション法　自律訓練法

　さまざまなリラクセーション法が存在する中、ここでは、まず、自律訓練法を紹介します。自律訓練法は、効果が実証されているリラクセーション法であり、不安に拮抗する体験をもたらす有効な方法です。

　自律訓練法は、シュルツ（Schultz, J. H.）が考案した方法で、催眠研究に端を発した体系的な方法論です。しかし、自律訓練法そのものが催眠というわけではありません。

　自律訓練法では、「両腕、両脚が重たい（重感）／温かい（温感）」や「気持ちが落ち着いている」などといった暗示文（表）を頭の中で繰り返し、身体部位の変化に気づき、その感覚を体得するものです。心身の機能を調整する効果が各種研究により認められており、臨床場面でも活用されています。

自律訓練法の暗示文

公式	練習名	暗示文
背景公式		気もちが落ち着いている
第1公式	重感訓練	右手が重たい、左手が重たい、右脚が重たい、左脚が重たい
第2公式	温感訓練	右手が温かい、左手が温かい、右脚が温かい、左脚が温かい
第3公式	心臓調整練習	心臓が規則正しく打っている
第4公式	呼吸調整練習	とても楽に呼吸をしている
第5公式	腹部温感練習	胃のあたりが温かい
第6公式	額部冷涼感練習	額が涼しい

　仰臥や椅子にかけた状態でリラックスし、2～3分程度暗示文を頭の中で繰り返し、その暗示文に沿った心身の変化を感じ取ります。第1公式を繰り返す中で、手脚の重さを感じることができたら、第2公式に移り、第2公式を繰り返す中で、手脚の温かさを感じることがで

きたら、第３公式に移り、各段階では、背景公式を繰り返しながら進めます。慣れない間は、暗示文をいくら繰り返しても何ら感覚を感じられないこともありますが、練習に慣れてくることで、重くなる感覚や温かい感覚を感じ取ることができるようになります。そして、さまざまな感覚を感じ取ることができるようになったら、その感覚をじっくり味わう（「手が重く感じるな」「手が温かいな」などと自然な身体の変化を感じ取る）ことで心身がリラックスした状態になります。

　これらの練習に慣れてくると、練習終了後、寝ぼけたような感覚が生じることがあり、練習後、すぐに就寝する場合は問題ありませんが、日常生活に戻る場合には、解消運動（両手を前に突き出し戻すを繰り返す）を行う必要があります。禁忌もしくは注意すべき点あるので事前に十分な準備を行うとともに、専門家に相談することも欠かせません。

（4）フラッディングとエクスポージャー

　フラッディングはクライエントを不安な状態に直接曝す方法を指します。系統的脱感作との違いは、フラッディングでは、筋弛緩法をはじめとした不快な状態に拮抗する方法を用いず、不快な状態に直接曝すという点です。

　一方、エクスポージャーは暴露法とも呼ばれます。恐怖反応が生じなくなるまで不安などの不適応反応を喚起する刺激に長時間身を曝す治療法で、フラッディングとほぼ同義です。また、段階的に不安刺激などに曝すことを段階的エクスポージャーと呼びます。段階的に不安刺激などに曝す際、不安階層表を用いて不安場面を順序立てることもあります。段階的エクスポージャーを実施する過程で、筋弛緩訓練などを用い系統的に不安に対処する場合は、系統的脱感作法です。

たとえば、何等かの過去経験があり、その場所へ行くことで不安が喚起されている場合に、その場所に実際に赴き、留まることがフラッディングです。そして、たとえば、イメージを用い、その場に赴くまでの過程を再体験することは段階的エクスポージャーであり、段階的エクスポージャーの過程で、リラクセーション法を用いれば、系統的脱感作法です。

> **コラム**
>
> ## リラクセーション法　漸進的筋弛緩法
>
> 漸進的筋弛緩法は、ジェイコブソン（Jacobson, E.）によって開発されたリラクセーション方法です。ここでは、「筋肉に力を入れ、力が入っている状態を感じ取り、その力を抜くことで、筋肉から力が抜けていく感覚を感じ取る」練習を行うことで、筋弛緩状態に導くことが目的です。実際には、椅子にかけた状態（脚にも肩にもどこにも意識的に力を入れることがないように、「ふーっ」といった感じで座る）で、両手は力を入れずそのまま下に垂らします。ここで、椅子の金属部分などに触れ、冷たさを感じてしまうと、筋肉に入っている力の変化を感じ取り難くなることがあるため、椅子の金属部分などに触れないように気をつけてください。
>
> こうした状態で、段階的に筋肉に力を入れます。やみくもに力を入れるのではなく、まずは手首までに力を入れます。ここで入れる力とは、"力一杯"ではなく"筋肉に力が入っている"と感じられる程度の力です．手首の練習ではたまごを握るような形で手を握り、親指と人差し指をつけないように注意しましょう。椅子の金属部分と同様に、親指と人差し指が触れてしまうことで、筋肉に力が入っている感覚などを感じ取ることが難しくなることがあります。そして、手首まで力を入れて力が入っている感覚を味わいます（数十秒）。十分に力が入っている感覚を味わうことができたら、力を抜きます（抜き方は「ふっ

と抜く」感じで、力が抜けていく感覚を数十秒味わう)。以上の要領で、手→手から肘→肘から肩→脚先→脚先からふくらはぎ、の順で力を入れ、力が入っている感覚や抜けていく感覚を十分味わいます。

　以上の練習は、筋肉に力を入れることが前提の方法で、怪我をしている場合など、筋肉に力を入れることに不都合がある場合は避ける必要があるでしょう。自律訓練法同様、事前に十分な準備が必要です。

(6) 社会的スキル訓練
　　　(ソーシャルスキルトレーニング；SST)

　社会的スキル訓練は、社会適応を目指し、社会的条件から逸脱しない行動や対人コミュニケーション技法を学習させる方法です。たとえば、対人関係スキルが不足している場合、実際の対人関係場面で自己主張などを行い、他者からポジティブフィードバックを得ることで、自身の伝えたいことを伝えるスキルを獲得することなどが行われます。

　たとえば、複数のグループを組み、そこで、あるテーマについて自分自身の想いを伝えることをします。普段、他者の前でプレゼンテーションすることが苦手な場合、うまくプレゼンテーションができないこともありますが、その瞬間で精一杯にプレゼンテーションし、その後、周囲の人が"良かった所"を伝え、プレゼンテーションスキルの獲得を目指すこともあります。

<まとめ>
　行動療法は、客観的な問題行動をターゲットとした心理療法であり、また、体系的な方法論を持つことから、世界的にも普及した心理療法です。また、治療効果のエビデンス(証拠)が示されていることから、"効く"心理療法と捉えられることもあるようです。

一方、カウンセラーがクライエントの問題を見立てる時、問題行動とその問題行動を引き起こしている環境との関係を間違えて捉えてしまうことで、望ましい結果（問題行動の出現率が減少する）を得ることができないかも知れません。

行動療法だけではありませんが、クライエントの問題（あるいは問題行動）の成り立ちを正確に観察する能力を高める必要があるでしょう。

■ 引用・参考文献 ■

金城辰夫（2004）「行動主義」氏原寛・成田善弘・東山紘久・山中康裕（編）『心理臨床大事典』培風館、p.161-165
佐々木雄二（2004）「自律訓練法」氏原寛・成田善弘・東山紘久・山中康裕（編）『心理臨床大事典』培風館、p.347-349
佐々木雄二（2004）「リラクセーション・トレーニング」氏原寛・成田善弘・東山紘久・山中康裕（編）『心理臨床大事典』培風館、p.349-350
内山喜久雄（1988）『講座サイコセラピー 第2巻 行動療法』日本文化科学社
山上敏子（2004）「行動療法」氏原寛・成田善弘・東山紘久・山中康裕（編）『心理臨床大事典』培風館、p.335-339
山上敏子（2007）『方法としての行動療法』金剛出版
山蔦圭輔（2012）『こころの健康を支える臨床心理学』学研メディカル秀潤社
Watson, J. B. & Rayner, R. (1920) Conditioned emotional reactions, Journal of Experimental Psychology, 3(1), 1-14.

第 **7** 章
心理療法の理論と実際
論理療法

　1950年代のアメリカで誕生した論理療法は、ある出来事が心理的問題を引き起こしているのではなく、ある出来事を受け止める信念（非合理的な信念）が心理的問題を引き起こすととらえ、クライエントの有する信念を対象とした支援法です。
　本章では論理療法の基本的な考え方と方法について紹介します。

第1節
論理療法の基礎と理論

（1）論理療法の基礎

　論理療法はエリス（Ellis, A.）によって創始された心理療法です。論理療法以外に、理性感情行動療法や合理情動療法、合理情動行動療法などと訳されることもあります。本書では、論理療法を呼びます。

　論理療法では、クライエントの非合理的な信念を合理的なものへと変容させることを目指します。ここで変容すべき非合理的な信念とは、クライエントの誤ったものの見方で、個人的な価値基準ともいえます。誤ったものの見方は、不適応状態の発現・維持の背景に存在するもので、クライエントの苦しみや各種問題は、誤ったものの見方が原因で出現すると想定されています。そして、この誤ったものの見方のことを非合理的信念（iB; irrational belief）と呼び、非合理的信念を合理的信念（rB; rational belief）に転換することが治療の最終的な目標となります。

　エリスは、クライエントの情緒的混乱（心理的問題）は、クライエントの周辺で生じているさまざまな出来事を、クライエントが解釈する時に引き起こされると考えています。そして、こうした情緒的混乱を引き起こしているクライエントに対して、カウンセラーは、クライエントの"誤ったものの見方（思い込み）"に焦点化するべきであり、生育歴や過去経験やその他の行動に焦点化すべきではないことを示しています。

　また、エリスは、"誤ったものの見方（思い込み）"とは「自分は完璧でなくてはならない」や「自分はいつもいい子でいるべきだ」などをはじめ

とした「こうあるべきだ」という思考であるとしています。そして、全て思い通りに物事が進まない現実の生活で「こうあるべきだ」と思い込むことが情緒的混乱をもたらすとしています。

「こうあるべきだ」が本当にそうであるか確認しながら、より合理的なものの見方（合理的な信念）を手に入れるプロセスが論理療法といえます。

(2) 論理療法の理論

① ABC シェマ非合理的信念

論理療法には、ABCシェマと呼ばれる理論が存在します。ABCシェマでは、A（activation event）はある出来事、B（belief）は信念、C（consequence）は結果であり、Aに直面した場合、直接的にCが生じるわけではなく、CはBを通して生じるものであると考えます。そして、信念であるBが合理的ではない場合、不適応状態を持続する関係性を想定しています（図7-1）。

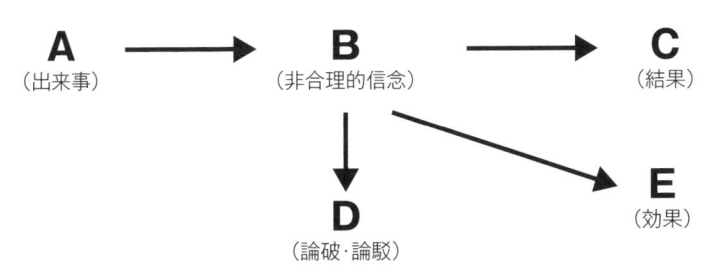

図7-1　論理療法におけるABCDE

A（出来事）→ B（非合理的信念）→ C（結果）
B → D（論破・論駁）
B → E（効果）

たとえば、自分にとって落ち込むようなある体験をしたとします。"落ち込むような体験"は、ある体験（A）の結果として落ち込み（C）が生じていると分解することができます。自分のことを受け入れてもらえない体験（A）をした結果、気分がふさぎ込んだ（C）などといった例です。しかし、

論理療法の立場からABCシェマを使って読み解いてみると、自分のことを受け入れてもらえない体験(A)を"自分は全員に受け入れられるべきだ"という信念（B）を持ち受け止めている結果、信念とマッチしないことから気分がふさぎ込む（C）という状態に陥っていると理解することができます。

　さて、"自分は全員に受け入れられるべきだ"という信念（B）は合理的でしょうか。世の中の人間全員に受け入れられることは難しいことからすれば、この信念は合理的ではなく、非合理的信念（iB）といえるでしょう。そこで、非合理的信念（iB）を合理的な信念（rB）に変える必要があります。

②論破・論駁

　問題であるCを抱えているクライエントを目前とした時、そのCを引き起こしているiBを明確にする必要があります。そして、iBが明確になると、つぎに、そのiBを徹底的に粉砕するために、論破・論駁（D: discriminant and dispute）を行います。ここでは、これまで用いていたiBから逃れ、より幸福をもたらすrBを手に入れることが目的です。そして、最終的には、クライエントが自らの生活の中で、新たな局面でrBをみつけ、それをうまく利用できるようにセルフ・コントロールすることが目標となります。また、クライエントが新たな局面で、rBを上手に使えるようになった時、それが、効果（E: Effect）であり、ABCシェマと合わせて、ABCDEという支援プロセスを想定しているものが論理療法です。

第2節
論理療法の方法

　論理療法では、まず、ABCシェマの構造を理解することが必要となります。そして、ABCの構造を理解する上で、非合理的信念iBの理解が必要不可欠です。カウンセリングの過程では、クライエントの生活（出来事A）において、どのような問題が生じており（結果C）、その問題を引き出すクライエントの考え方（非合理的信念iB）がどのようなものなのかを精査することになります。そして、非合理的信念の代表的なものとして以下の10点が挙げられています。

（1）自分の所属する集団や地域において、自分が重要だと思う全ての人に愛され、認められることは絶対に必要だ。
（2）自分を価値ある人間だと思うならば、可能なあらゆる点において、完全に有能で、十分に適性があり、何か素晴らしい業績を上げるべきである。
（3）人間の不幸は外部の原因によってもたらされるものであり、本来人間には、自分の悲しみや困惑をコントロールする力は備わっていない。
（4）個人の過去の歴史には、その人の現在の行動を全て決定する重要な原因が含まれており、かつてその人の人生に強力に影響を与える出来事があると、必ず何か同じような結果がもたらされる。
（5）人間の問題には、常に正しく、確実で完全な答えがあり、もしこの解答がみつけられなかったら、もう破滅だ。

（6）もし何か危険なこと、あるいは恐ろしいことが現にあるか、ありそうな場合、人はそれについて関心を持つべきであり、それが起こる可能性を絶えず心に留め続けるべきである。
（7）悪事を働き、不道徳で下劣な人間というのは確かにいるし、彼らはその悪行について厳しく批難され、罰せられるべきである。
（8）物事がこうあって欲しいと強く望んでいることがうまくいかない場合、それは恐ろしいことだし、もう破滅だ。
（9）人生の困難な問題や自分の責任は、受けて立つより、避けた方がはるかに良い。
（10）人がひどい混乱状態に陥るのは、他の人々の問題のせいである。

　非合理的信念はクライエントによって多種多様といえますが、共通項を挙げれば、「～すべきである」や「～であるべきだ」、「～してはいけない」や「～は当然である」といった内容です。たとえば、「私は誰からも高い評価を受けるべき人間だ」などといった信念を持つ場合、現実的には生活上出会う他者の全員に高い評価を受けることは難しく、その信念と異なる現実に直面することになり、結果として自己否定感や自分を高く評価しない他者への嫌悪感が生まれるかも知れません。こうした中で、「誰からも高く評価されるべき」といった信念が現実と照らし合わせて合理的なものか非合理的なものかを考えていくプロセスが論理療法のひとつのプロセスです。
　以上のような非合理的信念の存在が明確化された場合、それを論破・論駁します。ここでは、「～すべきである」や「～であるべきだ」、「～してはいけない」や「～は当然である」といった特徴を持つクライエントの信念の非合理性を論理的に粉砕していきます。論破・論駁、粉砕などというと、非常に攻撃的に対抗する印象を与えてしまうかも知れませんが、ここでの論破・論駁、粉砕は"論理的な説明を通したクライエントの十分な理解"

ととらえてください。したがって、カウンセラーはクライエントの非合理的信念の成り立ちを注意深く知り、非合理性を追求できなければなりません。

また、カウンセリングを行う中、クライエントがこれまで主に利用してきた信念が非合理であり、かつ、より合理的な信念が存在することが確認できた場合、その信念を現実の生活で使うことも必要です。その際には、ホームワークとして、実際に合理的と思われる信念を使い、その結果を記録することなどを求めることもあります。

論理療法を施行する際、ABCの構造を理解し、非合理的な信念の存在を合理的にするために、ある種、"説得的"な言葉がけを要することもあります。しかし、この"説得的"な言葉がけは、決してクライエントのことを批判や否定するものではありません。論理療法であっても、クライエントとのやり取りの前提として信頼関係(ラポール)は必要不可欠であり、信頼関係を土台とした知的なことばのやり取りで、非合理的な信念を合理的なものへと転換することが、論理療法の大目標です。

＜まとめ＞

論理療法は、クライエントの信念（出来事をどのように受け取るかに関する信念）を明確化し、その信念が合理的でない場合に、論理的な説明を用いて十分納得した上で合理的な信念を使用していくという営みです。ここでは、カウンセラーは、説得するだけの存在になるのではなく、クライエントとカウンセラーが共同作業することで、合理的な信念をみつけていくことが肝要です。

また、「～であるべきだ」といった特徴を持つ信念は、決して短期間で出来上がっているわけではなく、幼いころからの経験に基づき出来上がっている強固なものです。クライエントの非合理的信念を発見した時、それを変えることの難しさや非合理的信念を手放すためには勇気が必要である

ことなど、十分に考慮した上で介入する必要があるでしょう。

■ 引用・参考文献 ■

Dryden, W.（1994）Invitation to Rational- Emotive Psychology. Whurr publishers（國分康孝・國分久子・國分留志（訳）（1998）『論理療法入門 その理論と実際』川島書店）

橋口英俊（2004）「理性感情行動療法」氏原寛・成田善弘・東山紘久・山中康裕（編）『心理臨床大事典』培風館、p.372-374

國分康孝（1999）『論理療法の理論と実際』誠信書房

日本学生相談学会（編）（1989）『論理療法にまなぶ：アルバート・エリスとともに：非論理の思いこみに挑戦しよう』川島書店

第8章
心理療法の理論と実際 認知療法

1960年代以降、認知心理学の発展で、人間を情報処理のメカニズムとしてとらえることで、これまでブラックボックスであった"認知"を扱うことができるようになりました。認知療法は、認知心理学の発展にともない急速に発展した心理療法です。

本章では、認知療法の基本的な考え方と方法について紹介します。

第1節
認知療法の基礎と理論

(1) 認知療法の基礎

　認知療法は、ベック（Beck, A. T.）により創始された心理療法です。ベックは、特にうつ病患者を対象とした研究を続け、うつ病患者に特有の非論理的・破局的な思考があることに注目しました。そして、この非論理的・破局的思考がパターン化し、うつ病でみられる落ち込みや不安、自責の念などを引き起こすと考えました。このような、好ましくない思考スタイルは認知の歪みであるととらえ、認知療法では、クライエントの思考スタイル（認知の歪み）やクライエントの問題を引き起こしている"考え方の癖"に関与し、修正することが目標となります。

　一方、思考スタイルとあわせて、情動面や行動面をターゲットとした介入も行います。何らかの体験を通して、情動や行動が喚起されると、情動や行動に伴いフッとある思考が浮かぶことがあります。たとえば、好きな人が近づいてくることを察知すると、恥ずかしくて（情動）その場から遠ざかってしまい（行動）、後から「せっかくのチャンスなのに私はなんでいつもこうなんだろう！」（思考）といった関係です。ここで浮かぶ思考は、自動思考と呼ばれ、場合によってはクライエントを悩ませることも多々あります。また、自動思考を生じさせる背景には、クライエントの価値観や人生観ともいうべきスキーマが想定されています。

　以上のように、認知療法では、情動や行動に伴う自動思考や、自動思考を生じさせるスキーマを扱うことで、クライエントの思考の歪みを修正す

ることが目的となります。また、かつてはベックが対象としたように、うつ病の治療法として有力なものとされていましたが、現在では、うつ病にとどまらずさまざまな心理的問題に対処することができる方法とされています。そして、クライエントの過去経験に焦点を当てるのではなく、現在の不適応的な行動を持続する認知の問題に焦点を当て介入し、他の心理療法と比較して、短期間で終結することを目指すことも特徴です。認知療法は、認知行動療法（第9章参照）に含まれる治療的アプローチとして有効なものです。

(2) 認知療法の理論

　認知療法を施行する際、他の心理療法と同様に、クライエントとカウンセラーとの関係性に重点を置きます。ここでは、クライエントとカウンセラーが相互に協力関係を維持しながら、クライエントの認知的側面（思考や情動）に介入します。また、認知療法では、前述の通り、クライエントの不適応状態の発現・維持の背景に自動思考とスキーマと呼ばれる概念を想定していることが特徴です。

①自動思考

　自動思考とは、ある瞬間（情動体験の後など）に突然浮かび上がる考えのことで、自動思考に伴って新たな情動体験に遭遇することもあります。われわれは、自分自身が置かれた環境において、意図せずに解釈し意味づけを行い、結果を導き出すことがあります。適切な解釈や意味づけを行うことで導き出される結果は、自分自身を苦境へと追い込むことがないものかも知れません。一方で、認知の歪みが災いし、不適切な解釈や意味づけを行うことで、本来、追い込む必要のない苦境へと自分自身で、"自動的に"追い込んでしまうこともあります。こうした意図しない"自動的な"思考

は自動思考と呼ばれます。また、誤った自動思考は認知の歪みの結果として生じる思考ともいえます。

たとえば、「電車に乗るとパニックになってしまわないか不安だ」というクライエントが電車に乗った時、自動的に「このままパニックになってしまい、自分ではどうすることもできない！」という思考が浮かんだとすれば、これが自動思考です。

② **スキーマ**

スキーマとは、その個人の価値観や考え方、思い込みであり、誕生してから長い時間をかけて形成された個人が持つある種の基準といえます。そして、スキーマは認知の歪みを生じさせることがあります。認知の歪みとは、「完璧でなくてはいけない」などの"白黒思考"や、「～すべきだ」などの"べき思考"、「絶対にだめだ」などの"悲観的思考"などです。そして、スキーマによって生じる認知の歪みが自動思考を方向づけると考えてください。たとえば、過去に電車に乗った時、息苦しくパニックになった経験があるクライエントが、「私は電車に乗ると必ずパニックになる」という認知の歪み（このクライエントの持つスキーマによって形成された認知の歪み）を持っている場合、実際に電車に乗った場合に、「このままパニックになってしまい、自分ではどうすることもできない！」といった自動思考が生じるといったプロセスが想定できます。

スキーマは、幼少期からの経験から形成され、自分自身では気がつくことが少ない個人的な価値観です。したがって、スキーマにより形成されている認知の歪みに、今ここですぐに気付くことは難しいともいえ、カウンセリングのプロセスでは、こうした個人的な価値観であるスキーマやそれに伴う認知の歪みを明確に取り上げていくことも重要な作業です。そして、また、幼少期から長期にわたり使用してきた価値観は、おいそれと手放すことは難しいものでもあります。スキーマを発見し認知の歪みを変えるこ

とができる時、それは、クライエント自身が、自分の使用する考え方や価値観が非効率的なものであることや環境不適応を生じさせる原因になっていることへの気づきが生じる時です。したがって、カウンセラーは、自動思考を生む認知の歪みやスキーマの合理性についてクライエントとともに確認し、より合理的なスキーマは何かについて、深く追求することが求められます。

第2節
認知療法の方法

　認知療法では、自動思考とスキーマを修正していくことを目的とします。ここでは、①症状の定式化、②日常生活の記録や行動・思考のセルフモニタリング、③スキーマの修正といった標準的な手順で介入します。

　まず、症状の定式化では、問題とする状態の発生・維持要因を検討し、発生・維持要因に対する介入法を検討し、その介入を行うことで改善するか否かを検討します。クライエントが持つ症状の成り立ちについて仮説を立てる段階といえるでしょう。また、ここでは、クライエントの問題を作り上げている原因を整理するため、患者と治療者が協同して、問題リストを作成することもあります。

　つぎに、日常生活の記録や行動・思考をセルフモニタリングする段階に入ります。ここでは、クライエントに"活動スケジュール"を用い、日常生活の記録を求めることや、自動思考がいつどこで生じているのかの記録を求めるなど、クライエントに日常生活における思考や感情、行動のセルフモニタリングを求めることもあります。そして、自動思考の修正を図ることもこの時期では最重要課題となります。たとえば、その自動思考が妥当なものであるか確認することや、自動思考が浮かんだ状態で、その自動思考を停止する方法を用いることで、自動思考を修正します。

　自動思考の修正が進む後期の段階では、自動思考の根底にあるスキーマの修正を行います。スキーマの修正では、スキーマを言語化することで、そのスキーマが妥当なものであるか否かを確認することや、スキーマの妥当性について、カウンセラーから論理的な解説を行うこともあります。

以上の自動思考やスキーマを修正するプロセスでは、ワークシートを用いたホームワークやカウンセリングを実施し、現実の生活に応用できるように支援します。そして、最終段階では、現実の生活場面で、新たに手に入れたスキーマを使い、そのスキーマが妥当であり、苦しみを生む根源にならないことを確認することも大切です。認知療法のプロセスで手に入れた新たな妥当な考え方が日常的にも通用するといったクライエントの主観的体験を段階的に支援することがカウンセラーの役割です。

＜まとめ＞

　認知療法は、自動思考と自動思考を生じさせるスキーマを想定した心理療法です。ある環境で生じる自動思考を確認し、自動思考をモニターすることで、その特徴をつかみ、自動思考の妥当性について確認し、より妥当で理性的な思考を吟味します。また、自動思考を生じさせるスキーマの合理性についても検証し、より環境に適応し得る合理的なスキーマを手に入れることを目的としています。

　以上のプロセスにおいて、クライエントの症状改善や問題解決を目指す時、クライエントとカウンセラーが十分な信頼関係が確保された上で、協働する必要があります。したがって、カウンセラーのみモティベーションが高くても、効果は望めません。クライエントのモティベーションとカウンセリング時間以外のホームワークを実践できる力、自分自身の認知的側面を知的な枠組みで理解することができる能力が必要となるのも認知療法の特徴といえます。

■ 引用・参考文献 ■

橋口英俊（2004）「理性感情行動療法」氏原寛・成田善弘・東山紘久・山中康裕（編）『心理臨床大事典』培風館、p.372-374

Holmes, T. H. & Rahe, R. H.（1967）The Social Readjustment Rating Scale. Journal

of Psychosomatic Research, 11, p.213-218
Lazarus, R. S. & Folkman, S.（1984）Stress, Appraisal, and Coping, Springer Publishing
大野裕・小谷津孝明（編）（1996）『認知療法ハンドブック―上巻―』星和書店
大野裕・小谷津孝明（編）（1996）『認知療法ハンドブック―下巻―』星和書店
大野裕（2008）『認知療法の技法と実践　精神療法の接点を探って』金剛出版

第9章
心理療法の理論と実際 認知行動療法

　2010年に保険点数化された認知行動療法は、日本において非常に注目される心理療法といえます。認知行動療法に含まれる数々の技法は、認知的側面の問題と行動的側面の問題の双方に介入できるものです。また、数多くの実証的研究が蓄積されており、治療効果が認められる心理療法と位置づけられています。

　本章では、認知行動療法の位置づけと方法について紹介します。

第1節
認知行動療法の基礎と理論

（1）認知行動療法の基礎

　クライエントの持つ問題は、情動的な側面もあれば行動的な側面もあります。したがって、クライエントの問題に関与する時、情動・行動の両者をターゲットとした支援が必要不可欠となります。認知行動療法は、情動面に対する支援技法と行動面に対する支援技法の両者を統合した心理療法の総称です。特にCognitive Behavioral Therapyの頭文字を取って、CBTと称されることもあります。

　情動面に対する支援法と行動面に対する支援法を統合したものが認知行動療法ということからも、創始者を断定することは難しいものの、認知行動療法という用語は、マイケンバウム（Meichenbaum, D.）の著書で初出といわれています。

　うつ病や不安に関する各種障害の治療効果が認められており、日本では2010年より保険点数化され、社会的な関心も高まっているといえます。ここでは、認知療法・認知行動療法に習熟した医師が一連の計画を作成し、その計画にしたがって、30分以上の治療を実施した場合（入院患者を除く）、1日につき420点を請求できるとされています。

　認知行動療法が社会的に認められる一因として、治療効果が実証的に確認されているということが挙げられます。Evidence Based Medicine（根拠に基づく医療）の必要性が基づく中、昨今では心理療法のEvidence（根拠）を示すことも求められています。こうした中で、認知行動療法の研究

第9章　心理療法の理論と実際　認知行動療法

では、研究の手法や研究計画、心理的変化を数値で読み取る難しさなど多々課題は残存しますが、治療効果を数値で示すなど、より実証的に行われているといえます。

コラム　マイケンバウムのストレス免疫訓練

　マイケンバウム（Meichenbaum, D.）は、われわれが有する免疫機能（たとえば、異物が身体に侵入した場合、それに対抗する生得的な機能）と同様に、ストレスに対しても対抗することができると考え、ストレス免疫訓練を開発しました（ストレスについては第15章コラム参照）。前もって弱めのストレスに曝され、それに対処する経験をしていると、より強いストレスに曝された場合であっても、対処できる可能性が高くなるといったことが基本的な考え方です。訓練は3段階で実施されます。

　第1段階は、①ストレスの発生機序を平易な言葉で表現、②クライエントが直面するストレス発生場面をクライエントにイメージさせ、そこでの思考や感情を述べさせ、身体的な反応と心理的な反応との関連性をカウンセラーが説明する、③クライエントに、ストレスが強固な大きなかたまりではなく、細分化して対処可能であることを説明する、といった教育段階です。

　第2段階は、第1段階での教育を活かし、ストレスに対処する資源を手に入れるとともに、ストレス状況下における生理的覚醒を鎮静化させる経験をする段階です。

　第3段階では、これまで手に入れたストレス対処法を日常場面で実行する段階です。

　これらのプロセスを通し、ストレスは決して対処できない存在ではないという理解を促し、実際のストレスに対処する経験を積み重ねます。

(2) 認知行動療法の理論

　認知行動療法の理論は、認知行動療法が、行動療法や認知療法などの治療技法をパッケージ化したものであることから、行動療法の理論や認知療法の理論と同様です。したがって、認知行動療法の基盤となる理論を確認したい場合は、第6章の行動療法、ならびに第8章の認知療法で紹介した各理論を確認してください。

　認知行動療法では、行動的側面に対するアプローチとして行動理論や学習理論を基盤とする行動療法、認知的側面に対するアプローチとして自動思考やスキーマに関与する認知療法を用いることが特徴です。クライエントの心理的問題を検討すると、行動的側面の問題と認知的側面の問題とが密接に連関していることが多くあります。行動的側面の問題と認知的側面の問題の両者を解決できるような体系的な手法を用いて支援することで、よりコストパフォーマンスの良い支援が実現できる可能性があります。

　整理され使いやすい体系化された各種技法を駆使することで、クライエントの認知・行動の偏りや問題を解決・改善することを目指す心理療法が認知行動療法です。

第2節
認知行動療法の方法

　認知行動療法では、はじめに、クライエントが訴える問題を整理（構造化）しながら、治療の対象となる問題を定めます。ここでは、認知行動療法を用いた支援のターゲットとなる問題（明確化されたクライエントの訴え）を構成するあらゆる問題を取り上げ、なぜ問題が成立しているのか、その構造を考えることも大切です。混沌としているクライエントの訴えを整理し、クライエントの問題の背景を整理することで、クライエントの洞察も促され、クライエントとカウンセラーが共同しながら、問題解決や症状の改善に向かうことを目指します。したがって、ここでも、クライエントとカウンセラーとの間にはラポール（信頼関係）が必要不可欠です。

　そして、具体的には、環境（対人関係などの問題）・行動（振る舞いや態度などの問題）・認知（考え方などの問題）・情緒（感情面の問題）・身体（身体的症状）・動機づけ（興味・関心などがあるか否か）などといった問題を構造化し問題の明確化にあたり、治療の対象となる問題を定めます。すなわち、認知面の問題や行動面の問題、またそれらの問題を引き起こす環境を整理し、関与する問題を明確化します。これらの各問題は、整理することはできても、独立して存在しているのではなく、全てが少なからず関係しています。したがって、ひとつの問題を解決するプロセスの中で、他の関係する問題がどのように変化するのか（改善するのか、悪化するのかなど）についても十分注意を払う必要があります。また、あるひとつの問題が解決した場合、つぎに他の問題を治療対象としますが、その問題を取り上げる度に、他の問題との関係を改めて精査しながら支援を遂行する必要

があります。

　そして、最も関与し易い（改善し易い）であろう問題から関わりを持ち、問題解決を目指し、最終的には、クライエント自身がセルフコントロールできるよう支援します。

　たとえば、認知療法の節で紹介した不安（電車に乗ることができない例）クライエントに対し、認知行動療法を実施する場合に、どこでどの位の期間、どの程度の不安が持続するのかなどを整理し、捉え所のない"不安"という漠然とした問題を、扱うことができる問題として整理します。このクライエントの場合、電車の中（どこで）で不安が喚起されることから、電車の中での不安がターゲットとなります。そして、電車の中でどのような不安が喚起されるのか、量的・質的に尋ね（どの位の期間、どの程度、どんなど）、クライエントが持つ不安をより細かく整理していきます。また、このクライエントの場合、"満員電車の中で、かつ心拍数が上がること"で不安が喚起されることが明らかとなったとするのであれば、心拍数の増大という身体的変化に対する行動的技法を用いたアプローチ（リラクセーション法など）の修得を目指す必要もあるでしょう。また、"満員電車での心拍数増大"を仮に「必ずパニックを引き起こす状態」と認知しているのであれば、その認知的側面に関与する必要があります。満員電車で心拍数が増大するという現象を感知すると「必ずパニックを引き起こす」という自動思考が出現するのであれば、認知療法のテクニックを用いた支援も必要不可欠です。

　以上のプロセスの中で修得した方法を患者自身が日常生活で用い、セルフコントロールが可能となることも目標となります。

＜まとめ＞

　認知行動療法では、行動的側面の問題と認知的側面の問題の両者に効果的に関与することで他の心理療法と比較して、早期に問題解決を求めるこ

とも可能です。また、治療の対象となる問題も定まりやすく、治療効果を確認する実証的研究も数多くなされ、効果の期待できる心理療法といえます。

　一方、認知療法と同様に、クライエントのモティベーションが必須です。そして、行動療法や認知療法などで体系化された"効果のありそうな"技法がたくさん統合されており、カウンセラーにとっても十分なメリットのある心理療法ともいえます。しかしながら、"効果のありそうな"といったように、効果があるかどうかは、クライエントに適しているかどうかに依存します。"効果のありそうな"道具を目の前にした時、その道具を使うか否かはカウンセラーの技量です。やみくもに技法を駆使するだけの心理療法とならないよう配慮する必要があるともいえます。

■ 引用・参考文献 ■
坂野雄二（1995）『認知行動療法』日本評論社
下山晴彦（2007）『認知行動療法　理論から実践的活用まで』金剛出版
Westbrook, D., Kennerley, H., & Kirk, J.（2007）An introduction to cognitive behaviour therapy: Skills and Applications. Sage Publications（下山晴彦（監訳）（2012）『認知行動療法臨床ガイド』金剛出版）

第10章

心理療法の理論と実際 ゲシュタルト療法

　ゲシュタルトとは形態という意味です。ゲシュタルト心理学が基盤といえるゲシュタルト療法は、クライエントが固着して逃れることができないゲシュタルト（クライエントの問題）から解放され、柔軟に新しいゲシュタルトを形成することを目指すものです。
　本章では、ゲシュタルト心理学の基本的な考え方と方法について紹介します。

第Ⅱ部　カウンセリングの理論と心理療法

第1節
ゲシュタルト療法の基礎

　ゲシュタルト療法は、パールズ（Perls, F. S.）により開発された心理療法です。ゲシュタルト療法では、クライエントの不適応な状態は、クライエントの過去の経験が十分消化されず、未完結であることに起因すると考えています。たとえば、あるクライエントが家族の問題を抱えているのであれば、過去の家族関係の中で、解決できない問題を今も抱えたままになっているといった状況を想像してください。そして、その未完結な過去経験にしばられてしまうことなく、「今、この瞬間」の体験を重視し、クライエントの全体像（ゲシュタルト）の回復を目指します。たとえば、現在、自分の新しい何不自由ない生活を手に入れたのであれば、今のその生活を重視し、過去の傷（家族関係の問題）から解放され、本来的な自己像をつくりあげるといったことが例として挙げられます。

　ゲシュタルト療法では、自由にゲシュタルトをつくることができる人間を健全な人間であると考えます。ゲシュタルトとは、ゲシュタルト心理学で用いられる用語で、個別の事象をまとめあげた全体像（形態）のことを指します。たとえば、何か思いついてその内容を書き留めようとした時、部屋の中を見渡し、メモ帳と鉛筆を発見することができれば、メモを取ることが可能です。このメモを取る過程では、メモ帳や鉛筆など、その環境の中に存在する個別の事象を頭の中でひとつにまとめあげています。このまとめあげた形がゲシュタルトです。

　図10－1はゲシュタルト心理学の領域で扱われる非常に有名なものです。個別の線やまとまりがある中で、ある一部分に注目し、その一部分に

含まれるパーツをまとめてゲシュタルトが出来上がれば老婆、また別の一部分に注目し、そのゲシュタルトが出来上がれば美女（うしろを向き、あごのラインが見える女性）に見えるといったものです。

図10－1　美女と老婆

　ゲシュタルト療法では、過去の経験が現在の自分（自分のゲシュタルト）をつくりあげているのではなく、今を生きる自分が、過去経験の一部分に注目し、それをまとめあげることで、今のゲシュタルトができあがっていると考えます。たとえば、何不自由ない生活を送っているにも関わらず、過去の家族関係の問題に焦点化してしまい、"家族関係の問題に悩む自分"というゲシュタルトをつくっているということが例示できます。

　そして、今、できあがっているゲシュタルトに固執し、そのゲシュタルトに悩まされている状態（自由にゲシュタルトを変化させることができない状態）が問題の根源です。自由にゲシュタルトをつくりあげることができないと、自身の生活において自由な体験をすることが困難になり、結果として、問題が持続してしまいます。したがって、ゲシュタルト療法では、過去の未完結な問題（固執してしまっているゲシュタルト）を「今、ここで」体験し、完結させることで、自由で柔軟なゲシュタルトを獲得することを目標とします。

第2節
ゲシュタルト療法の理論

　ゲシュタルト心理学では、視野内に物理的刺激が存在する場合、ある刺激に注目した場合、それが"図"となり、図以外のものは"地"（背景）になるとしています。図10-2で、中央部分の白い刺激に注視すると盃に見え、黒い部分に注視すると向かい合った2人の顔に見えるように、この見えている場所が図となります。

図10-2　ルビンの盃

　こうしたゲシュタルト心理学の考え方に習い、ゲシュタルト療法では、不適応状態の背景にある問題を固定化された図（固執してしまうゲシュタルト）であるとしてとらえ、固定化された図を改めて地に戻し、再び自由な図（自由で柔軟なゲシュタルト）を認識できる状態へと導くことを治療のプロセスとしています。治療の過程では、精神分析療法のように、治療者による解釈や分析は行わず、「今、ここで」クライエント自身への"固定化され固執してしまっているゲシュタルト"への気付きを促すことを目

指します。

　また、ゲシュタルト療法の求める理想的人間像（治療目標）として、國分（1980）は、以下の8点を挙げています。

（1）今を生きる。明日を思いわずらわず、過去に縛られず、今の自分のゲシュタルトで生きる
（2）ここで生きる。ここの人生はそれだけで完結したものであり、他の瞬間のための準備や手段ではない
（3）想像に遊ばない。「だろう」の生き方をしない
（4）歓び、悲しみ、怒り、性感情を表現することをためらわない。多くの人はそうしないで、自他の行動の説明、評価、正当化、変容を試みている。生の実体から離れるばかりである
（5）つらいこと、不快なことがあればそれにさからわない。逃げない。辛い時には辛さに浸り切り、不快な時は不快になり切る
（6）他人が決めた道徳律にしばられない
（7）他人がこうしたから自分はこうしたといわない。自分がそうしたいからそうしたのだと考える。自分の行動・感情・思考の責任者は自分である
（8）人が何と言おうとこれが自分なのだと自分の実態に降服する。ぶらない。気取らない。飾らない

第3節
ゲシュタルト療法の方法

　人間が成長する過程で、ゲシュタルトは逐次変容します。また、ゲシュタルト療法では、人間を"世界内存在"（何等かの環境（世界）の中で生きる存在）と考え、環境や自分自身の体験を通してゲシュタルトが構築されると考えます。

　こうした中、変容することができないゲシュタルトは"未完の行為"と呼び、これを完了させることが治療の目標となります。

　未完の行為を完了させるために必要なものは"覚知"と呼ばれます。覚知とは、たとえば、あるクライエントが有する感情に、クライエント自身で気付くのではなく、その感情になり切ることを指します。悲しみという感情があることに気付くのではなく、悲しみを感じ取り、悲しむことが覚知であり、覚知に至る過程では、身体の感覚や非言語的表現を覚知することも重要であるとされています。身体的感覚や非言語的表現を覚知し、それになり切る（その感覚や表現に素直になる）ことは、より本当の自分になり切ることにつながり、その結果、自由で柔軟なゲシュタルトを手に入れることができるようなります。

　世界内存在である人間として、環境や自分の内的状態を覚知し、自由で柔軟に自分自身をつくりあげることができるようになることがゲシュタルト療法の最終目標です。

　ゲシュタルト療法を実践する時、いくつかの特徴的な技法があります。ここでは、ホットシート、役割交換法、未完の行為、ドリームワーク、チェア・テクニックを紹介します。

①ホットシート

　ホットシートは、周囲の多数の他者がある人物に対する感想を述べるといったもので、周囲からの自分に対することば掛けを通して、自分自身を強く認識することを目指すものです。また、役割交換法では、親が子の役割を、子が親の役割を演じ、会話をすることで、今まで気が付かなかった役割を演じている側の気持ちに気付くことを目指します。

②未完の行為

　未完の行為では、これまで完結できなかった行為を完結させることを目指すもので、たとえば、Aさんに対して伝えられなかったことばを、今、この瞬間にAさん役の他者（たとえば、Aさん役を演じているカウンセラー）へ向けて伝えるなどといった行為を指します。

③ドリームワーク

　ドリームワークは、夢の中の登場人物や事物になり切って、その人物や事物の気持ちを語るというプロセスを指します。夢の中に現れた人物や事物は自分自身が投影されたものであることから、それを演じることで、地だったものが図となって認識されるようになると考えます。

④チェア・テクニック

　チェア・テクニックは、たとえば、2つのイスを準備し、そのイスに座らせクライエントの中で生じている感情や葛藤を対話させるといった方法です。また、この瞬間に不仲な他人が対面するイスに座っていると仮定し、実際に対話をすることもあります。こうした方法を用いることで、問題（固定化された図や図として認識できなかったもの）を確認、体験し、統合されたゲシュタルトをつくることが目的です。

　これらの技法を用いる際、カウンセラーは、クライエントの言語的コミュニケーション、非言語的コミュニケーションに注意を払いながら、それらをクライエントにフィードバックし、その意味を探り固着しているゲシュ

タルトの再構築を促すよう支援します。

■ **引用・参考文献** ■

倉戸ヨシヤ（2004）「ゲシュタルト療法」氏原寛・成田善弘・東山紘久・山中康裕（編）『心理臨床大事典』培風館、p.379-380

Perls, F. S. (1973) The Gestalt Approach & Eye. Witness to Therapy. Science and Behavior Books.（倉戸ヨシヤ（監訳）（1990）『ゲシュタルト療法 その理論と実践』ナカニシヤ出版）

國分康孝（1980）「第8章 ゲシュタルト療法」『カウンセリングの理論』誠信書房、p.241-p.274

第11章
心理療法の理論と実際 交流分析

交流分析は他者との人間関係の在り方を探るための有効な手段です。
また、われわれの人生を左右するようなシナリオを読み解き、場合によっては、そのシナリオを柔軟に修正する必要もあるといった考え方を持ちます。人間関係の問題や個人が有するシナリオが、その人の心理的問題の背景にあることも多くあり、カウンセリングにおいても用いられることのある方法です。

第1節
交流分析の基礎と理論

(1) 交流分析の基礎

　交流分析は、バーン（Berne, E.）により開発された人間の交流を考えることを目的とした理論に基づく治療法です。交流分析は精神分析学の流れを受け継ぐものとされますが、来談者中心療法やゲシュタルト療法と同じように、「今、ここで」の体験を重視する方法です。バーンは「精神病理は個人のものではなく、病的な社会状況や環境に反応して発する」と考え、交流分析が他者との相互作用を検討することができ、社会状況における個人をとらえる有効な方法であるとしました。

　交流分析では、相互に反応し合う人間の交流関係で生じているストローク（外界との接触を求める欲求）を分析することが目的となり、対人関係の構造やその動きを図示することや、エゴグラム（心理検査）を用いた心理測定を行い、自己理解を促すことも特徴として挙げられます。交流分析は、心身症や神経症をはじめ、対人関係の問題が背景に存在する問題に対して、有効な方法であるとされています。また、心身症や神経症などといったこころの問題を抱えるクライエントのみならず、メンタルヘルスの保持・増進、自己理解の促進などに効果が認められ、少年院など矯正教育の場で用いられることや、学校教育場面や産業場面では研修として導入されることも多くあります。

(2) 交流分析の理論

　交流分析では、"自我の出し入れ"が他者との交流のスタイルを左右し、場合によっては対人関係の問題を生んでしまうこともあると考えます。そして、他者との交流のスタイルの背景には、各個人が固有に持つ人生の中で強迫的にしたがってしまう人生の筋書があると想定しています。そして、対人関係の苦しさや、そこで感じる人生の苦しさの解決を望む場合、人生の筋書を書き換える必要があり、人生の筋書を書き換えることが交流分析の最終目標になります。

　"自我の出し入れ"を検討する際、自我状態（特性的な性格とは異なり、自由に出し入れできる、いわばその都度使い分けができる状態的な性格とイメージしてください（特性と状態については、第14章コラム参照））をとらえることが必要となります。そこで、交流分析では、自我状態を大きく、親（P: Parents）、大人（A: Adult）、子ども（C: Child）に分けて捉えます。たとえば、他者が"子ども（C）"の自我状態を使い、自分が"親（P）"の自我状態を使っている関係は、他者が自分に依存していることが考えられ、安定していると考えることができます。一方、他者が"子ども（C）"の自我状態を使い、自分も"子ども（C）"の自我状態を使っている関係は、仲良く遊べる関係であれば良いのですが、ともすれば、ケンカをする関係になってしまうこともあります。日常生活でどのような自我を使う傾向が強いのかを測定するとともに、日常生活における対人関係において、どのような自我の交流があるのかを分析し、また、どのような人生の脚本（シナリオ）にしたがって生きているのかを十分に検討することが、交流分析の醍醐味です。

　また、人生の脚本（シナリオ）にしたがい生きている中、基本的構えが他者との交流に大きく影響することがあります。基本的構えには4種のものがあり（表11－1）、自己肯定・他者肯定の態度が最も望ましい態度と

されています。
　表11-1の①は自己も他者も肯定的に認めている状態です。自分が主張するように、他者も他者なりの主張があることを認め、相互に豊かな交流が生じている状態です。②は、自分を抑えて他者の主張を受け入れている状態です。ここで、自分を抑えることで（何も主張しないことで）、他者には「何も意見がない人」という印象を与えてしまうこともあります。③は、他者の主張は認めず、自分の主張だけを優先する独善的なタイプといえるでしょう。④は自分も他者も認めない、絶望の状況です。こうした基本的構えと脚本（人生でしたがうべきシナリオ）と密接に関係し、I am OK. You are OK.の構えを身に付けるためには、自分自身の脚本（シナリオ）と向き合う必要もあります。

表11-1　基本的構え

①I am OK. You are OK. （自己肯定・他者肯定）	②I am not OK. You are OK. （自己否定・他者肯定）
③I am OK. You are not OK. （自己肯定・他者否定）	④I am not OK. You are not OK. （自己否定・他者否定）

第2節
交流分析の方法

スタンダードな交流分析では、自我状態の分析・交流パターン分析・ゲーム分析・脚本分析の4つの分析を行います。以下に4つの分析を紹介します。

(1) 自我状態の分析

自我状態の分析では、構造分析と機能分析を行います。構造分析では、前述した自我状態を捉えることが目的となります。P(Parent)・A(Adult)・C(Child) の3つの自我状態の内、普段の生活においてどれが優位であるか (どの自我をよく使うか) を検討します。また、機能分析では、P・A・Cについて、PはCPとNP、CはFCとACに細分化して自我状態を捉えます (図11-1)。

CPはCritical Parentの略でNPはNurturing Parentの略、FCはFree Childの略で、ACはAdapted Childの略です (表11-2)。ここでは、エゴグラムと呼ばれる心理検査(第14章参照)が用いられます。

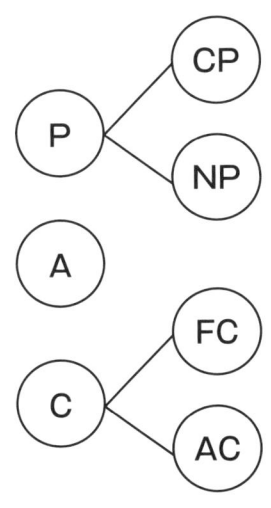

図11-1　自我状態の種類

表 11 - 2　自我状態の意味合い

Critical Parent	厳格な父、自己の価値基準を譲らない
Nurturing Parent	養育的な母、共感的で他者の面倒をよく見る
Adult	大人、論理的、客観的で冷静
Free Child	自由な子ども、自己主張が上手、感情のコントロール困難
Adapted Child	適応的な子ども、自己を抑えて他者に合わせる

(2) 交流パターン分析

　交流パターン分析では、他者との関係を分析し、そのパターンを明確化します。たとえば他者と自分との交流を観察し、自分がAの自我状態で他者のCの自我状態に関わりを持つ場合、自分Aから他者Cへと矢印を引きます。そして、その矢印を確認し、交流のパターンを同定します。交流のパターンとして、ここでは以下の4つを紹介します（図11 - 2）。

①相補的交流

　　互いを補い合う関係。PとP、AとA、CとC、PとA、PとC、AとCとの各関係であり、親同士や大人同士、子ども同士の安定した関係、親・大人と子どもとの安定した関係を指します。たとえば、他者がPを発動させ、自分のCに訴えかけてきた時、自分のCで応えることで、具体的には、他者が「大丈夫ですか？」と声をかけてきた時に、「ちょっと調子が悪いんです」と返すなどのパターンが挙げられます。

②交差的交流

　　他方の交流に応えない関係。たとえば、他者のPが自分のCに訴えかけているのに、Cの立場で返答できないなどといった例が挙げられます。具体的には、他者が「大丈夫ですか？」と声をかけてきた時に、事

実調子が悪いにも関わらず、「大丈夫です。ちょっと一人にしてください」などと返すパターンが挙げられます。

③裏面的交流

　言語的な表現と心情が一致していない交流。たとえば、他者のPが自分のCに訴えかけている状態で、表向きは自分のCで応えているものの内心では、そのCが他者のCへ向っているなどといった例が挙げられます。具体的には、他者が「大丈夫ですか？」と声をかけてきた時に、「ちょっと調子が悪いんです」と返しながらも、内心「何か見返りが欲しくて自分に優しくしているのではないか」と考えているなどといった例が挙げられます。

④交差的裏面交流

　最も良くない交流パターンといわれます。ここでは、たとえば、他者のPが自分のCに訴えかけている状態で、他者は内心Cを持ち、また、表向きは自分のCで応えているものの内心では、そのCが他者のCへ向かっているなどといった例が挙げられます。具体的には、他者が内心「ここはひとつ、心配でもして心象を良くしておこう」と思いながら「大丈夫ですか？」と声をかけてきた時に、内心「何か見返りが欲しくて自分に優しくしているのではないか」と考え、「大丈夫です。ちょっと一人にしてください」などと返すといった例が挙げられます。

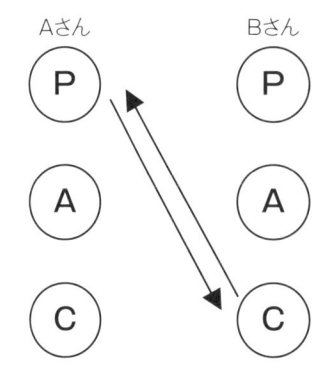

Aさん「大丈夫ですか？」（本心から）
Bさん「調子悪い」（本心から）
補助的交流

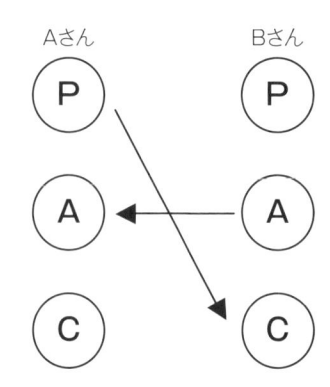

Aさん「大丈夫ですか？」（本心から）
Bさん「放っておいて」（悪気なく）
交差的交流

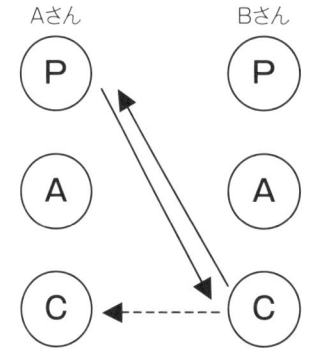

Aさん「大丈夫ですか？」（本心から）
Bさん「調子悪い」（そんな心遣いは、何か見返りが欲しいのでは？）
裏面的交流

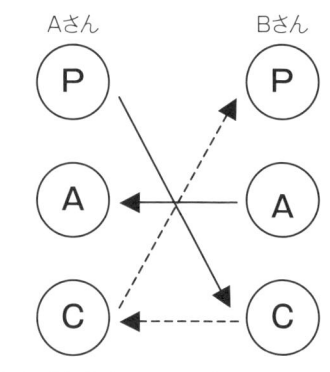

Aさん「大丈夫ですか？」（心配してあげているんだから、何か見返りが欲しい）
Bさん「放っておいて」（そんな心遣いは、何か見返りが欲しいのでは？そんなものに応えてたまるか！）
交差的裏面交流

図11－2　交流のパターン

(3) 時間の構造化とゲーム分析

　交流分析には、他者からストローク（外界との接触を求める欲求）を得るため、自身の生活（時間）を構造化するといった基本的な考え方があり、これが時間の構造化です。時間の構造化には、自閉、儀式、活動、雑談、ゲーム、親密の6種があります。詳しくは以下の通りです。

①自閉

　外界との接触を避けるタイプが自閉です。興奮している他者（Cが優位）がいる時、距離を置き、その場から離れる（PやAが優位）などが自閉の例です。

②儀式

　他者からの役割期待に則った交流関係が儀式です。決まった環境で決められた役割を果たすといったタイプです。役割を果たすことで、ストロークを得ることができるという利点があります。

③活動

　仕事や家事、地域での活動を通してストロークを得ようとすることが活動です。ある活動で求められる役割を果たすことが目的となることから、他者との豊かな交流が得られない可能性があります。

④雑談

　たわい無い雑談を通してストロークを得ようとすることが雑談です。雑談を通して何らかの成果があげられるかというとそうではないのですが、対人交流を深めるきっかけとなることもあります。

⑤ゲーム

　交差的裏面交流を用いた交流がゲームです。互いに本音と実際の交流が異なった状態のコミュニケーションであり、注目し修正する必要がある交流です。

⑥親密

　自分の主張も他者の主張もうまくやりとりしながら豊かな関係を築けている状態が親密の状態です。基本的姿勢の中で、I am OK. You are OK. が親密といえます。

　一方、ゲーム分析では、交流パターン分析の結果、明らかとなる関係性の悪循環を取り上げ、その悪循環のパターンを分析します。たとえば、日常的な対人関係場面で主観的に「上手くいかなかったな」という場面を想起し、その交流がどの交流パターンなのかを考えます。上手くいかなかった対人関係を分析した時、交差的裏面交流をしているのであれば、それがゲーム（騙し合い）です。ゲーム分析は、交流分析の中核をなす作業といわれています。

(4) 脚本分析

　脚本分析では、自我状態や関係性の悪循環などを内包する、人生の脚本（シナリオ）を取り上げます。人生の脚本とは、自分自身の行動や思考を規定する"決まり事"にも似た脚本（物語）であり、潜在的に持っている人生のプランです。そして、脚本分析では、その脚本の内容を観察します。

　脚本の種類はいくつか存在し、ここでは、文化脚本・下位文化脚本・家族脚本・個人脚本を紹介します。

　文化脚本は、「人間とは何か」、「男性の役割とは」、「女性の役割とは」

などといった非常に幅が広い脚本です。また、下位文化脚本は、「日本人として」や「○○大学の学生として」などという脚本で、文化脚本よりもより限定的な脚本といえます。そして、家族脚本は、「我が家は」や「長男として」など、下位文化脚本より限定的な脚本です。さらに、個人脚本は「自分は○○であるべきだ」や「自分は○○でなくてはならない」などといった個人的な脚本です。

　以上の脚本は、発達の過程でのしつけや教育により身に付くと考えられており、交流分析では、「今、ここで」、その脚本を書き換えることが最終的な目標となります。

＜まとめ＞

　交流分析は自我状態の把握と交流パターンの把握、そして、自我の出し入れや交流パターンに影響を与える人生のシナリオの検証が主な作業です。普段の人間関係で、どのような交流のパターンがあり、裏で「本心は○○なのだけど」と思いながら表向きの交流をしている場合、そのパターンを修正することが求められます。

　対人関係の問題は、心理的不適応を引き起こし、持続させる要因となります。心理的不適応に陥らないまでも、対人関係に不全感が生じている場合、ストレスを抱える要因ともなります。交流分析や交流分析のエッセンスを生活に取り入れることで、より健康的ともいえる対人関係のパターンを手に入れることができるのではないでしょうか。また、交流分析の考え方や実践的方法は、人間の成長を促すことが期待できることから、さまざまな研修に取り入れられることもあります。交流分析の理念や方法を踏襲し、より取り組みやすい研修のプログラムを考案することも大切です。

■ **引用・参考文献** ■

Berne, E.（1964）Games People Play. Grove Press.（南博（訳）(1967)『人生ゲーム分析』河出書房）

Dusay、J.M. (1976) Egogrames. Harper & Row.（新里里春（訳）(1980)『エゴグラム』創元社）

國分康孝（1980）「第7章 交流分析」『カウンセリングの理論』誠信書房、p.210-p.240

杉田峰康（2004）「交流分析」氏原寛・成田善弘・東山紘久・山中康裕（編）『心理臨床大事典』培風館、p.381-384

東京大学医学部心療内科 TEG 研究会（編）(2006)『新版 TEGII 解説とエゴグラム・パターン』金子書房

第12章
心理療法の理論と実際
日本の心理療法

日本に特有な心理療法はいくつか存在し、国際的に認められるものもあります。本章では、日本に特有な心理療法として内観療法と森田療法を紹介します。内観療法は、"ひたすらあることを回想する"もので、森田療法は"生への欲望"を回復させるものです。

第1節
内観療法

(1) 内観療法の基礎

　内観療法は、浄土真宗の「身調べ」を基本に置く、日本特有の心理療法です。現在では国際的にも評価を受けている心理療法で、吉本伊信により創始されました。

　対人関係の問題や対人関係が背景にあり生じている心理的問題などの不適応、アディクション（依存）など幅広く効果が認められています。内観療法による効果は、自分自身を振り返り、統合するといった本質的な自己理解と他者理解によるものといえます。そして、対人関係上の問題に関与し得る心理療法であることから、カウンセリング場面のみならず、教育や産業の場面でも用いられることもあります。

　内観療法では、過去から現在に至る過程で、他者とどのような対人関係を築いてきたのかを丁寧に調べます。現在の対人関係の問題や対人関係の問題に伴う不適応は、自己理解や他者理解の歪みがその理由であるとし、時系列で他者とどのような対人関係を築いてきたのかを調べることで、事実に基づく自己理解や他者理解が促進されるといった考え方が背景にあります。

　内観療法を体験することで、人生を再体験することが期待できます。人生を再体験することで、これまで他者から受けてきた愛情を再体験し、基本的信頼感や心理的安定感を得て、自己中心性への気づきが生じます。また、内観を通して、自己や他者の認識が変化し、ありのままの自分や他者

を受け入れるとともに、自己や他者を多面的に理解することが期待できます。そして、こうした変化を通して、情緒の安定や責任の自覚、意欲向上や対人関係の安定化などの効果が期待できます。

(2) 内観療法の方法

　クライエントは、身近な人（父や母、子、友人や先生、同僚など）との過去の関わりをひたすら回想することが求められます。回想する際、1. 世話になったこと、2. して返したこと、3. 迷惑をかけたことの3テーマに沿って、過去から現在まで具体的な事実を回想します。また、ここでは、幼少の時期から3年～5年刻みで期間が設定されることが多いですが、日本の義務教育以降の教育体系（小学校6年間、中学校・高校3年間）からすると、3年刻みの設定が良いでしょう。

　以上のように、過去から現在に至るまでの対人関係を丁寧に調べる（回想する）ことで、自己理解や他者理解の歪みが修正され、たとえば、"良く思わない他者"に対する本質的理解（自分にとって嫌悪的な人物であることもあれば、自分に必要な人物でもあるなど）が深まります。自己理解や他者理解の歪みが対人関係の問題や対人関係の問題に伴う不適応の根源にあると考えることから、回想のプロセスを経て、その歪みが修正されることで、問題解決につながることになります。

　内観療法は、全国各地にある内観道場（研修所）で1週間の間泊まり込みで行う集中内観と、クライエントが日常的に自分で行う日常内観（記録内観）とに大別されます。

　集中内観は、1日3度の適当な量と質の食事、毎日の入浴、規則正しい就寝・起床などの制限のもとで行われます。また、クライエントが過ごす部屋の中は、屏風で小スペースに区切られており、朝6時から夜9時まで継続して回想をします。そして、回想する時間内では、カウンセラーとの

短時間の面接（1〜2時間ごとに1回3〜5分で1日約8回）以外、他者との交流はなく、ただひたすらに、かつ丁寧に回想します。

　日常内観では、1日1時間〜2時間程度、集中内観と同様のプロセスで回想を行うとともに、1日の出来事を振り返ります。日常内観は、集中内観と比較して、時間や環境が制限されていないため、訓練を要します。

第 2 節
森田療法

(1) 森田療法の基礎

　森田療法は、森田正馬により創始されたものであり、特に神経症治療を目的に開発されたものです。森田療法においては、神経症は森田神経症と呼ばれます。森田神経症は、本来クライエント個人が有している"生への欲望"から生じるもので、森田療法における治療の対象となります。

　森田療法は、特に精神科における入院治療で導入されることが多く、4つの治療期に分け、正当な"生への欲望"を取り戻すことを目標に段階的に実施されます。また外来治療で導入されることもありますが、外来治療では、日常的な生活場面を治療場面としてとらえ、日記を指導するなどが行われます。

　森田神経症の病因である"生への欲望"は多かれ少なかれ人間であれば誰もが有する基本的欲求であるとされています。そして、"生への欲望"が自己実現や成長に向かう場合と、「悪くなりたくない」などといった"死の恐怖"に向かう場合があり、"死の恐怖"に向かう場合、森田神経症のリスクが高まります（図 12 - 1）。

　森田神経症は、神経交互作用（注意と感覚の悪循環）により症状が持続

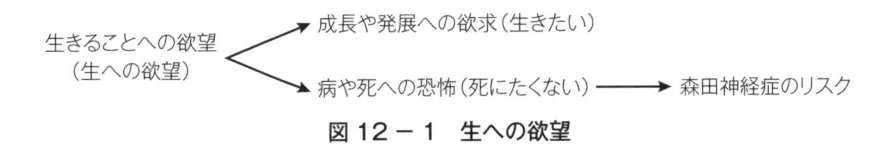

```
生きることへの欲望  ───→ 成長や発展への欲求（生きたい）
   （生への欲望）    ───→ 病や死への恐怖（死にたくない） ───→ 森田神経症のリスク
```

図 12 - 1　生への欲望

するとされています。例えば、体調が悪い場合、これ以上体調を悪くしたくないことから、自分の症状に焦点化し(注意)、より一層症状が気にかかってしまい、感覚が鋭敏になる（感覚）ことで、症状が悪化してしまうことが例として挙げられます。そして、"生への欲望"が強い人間を神経質素質と呼び、神経質素質の中でも、精神交互作用に陥りやすいタイプをヒポコンデリー性基調と呼びます。

以上から、ヒポコンデリー性基調がもたらす悪循環を断ち切り、本来的な"生への欲望"を持つことが治療の目標となります。

(2) 森田療法の方法

森田療法では、精神交互作用を打ち切ることを目的とし、絶対臥褥期（布団に横になり、生理的活動以外は行わない時期）・軽作業期（臥褥とあわせて、散歩や簡単な作業を行う時期）・重作業期（次第に肉体的に負荷がかかる作業を行う時期）・退院準備期（日常生活に復帰するために、生活訓練を行う時期。病院から通学・通勤することもある）の4期を治療プロセスとします。

絶対臥褥期では、新聞やテレビ、ラジオなどの日常的な行動は一切禁じられます。ここでは、クライエントが有する精神交互作用の中、非常に悶々とした苦しい臥褥の日々を体験します。治療者は"苦しい毎日の中で症状を出し切るつもりで臥褥すること"を促します。ここで、クライエントは自分自身の症状に立ち向かうことの無力さを実感し、あるがままにすることで、苦しさから解放されます。あるがままの状態で苦しみから解放される機会こそ、"生への欲望"を取り戻す契機であり、自己実現や成長へ向かった生き方につながります。そして、軽作業・重作業と日常生活で活動を再開することで、本来的な"生への欲望"を満たす経験を通し、精神交互作用から生じる苦しみや症状から解放され、適応的な日常を手に入れる

ことができます。

　本来の"生への欲望"を自覚し、精神交互作用にとらわれない行動様式を手に入れることが森田療法の最終目標といえるでしょう。

＜まとめ＞

　本章では、日本特有の心理療法として、内観療法と森田療法を紹介しました。内観療法は、自分自身の発達過程で、1．世話になったこと、2．して返したこと、3．迷惑をかけたことの3テーマに沿って回想し、自己理解や他者理解の歪みが修正されることを目指すものです。自己理解や他者理解が促進されるという特徴から、対人関係の問題が潜在する心理的問題へ適用できます。

　一方、森田療法は、ヒポコンデリー性基調がもたらす精神交互作用（悪循環）を断ち切り、本来的な"生への欲望"を取り戻すといった理念を持ちます。ここでは、絶対臥辱を通して、自分ではどうすることもできないという体験から、精神交互作用から脱することを目指します。あるがままの自分を発見できる時、本来的な成長に結びつく"生への欲望"を取り戻すことができ、それが回復です。自分の生きる価値を再発見することができる有益な方法といえます。

■ 引用・参考文献 ■

北西憲二・中村敬（編著）（2005）『心理療法プリマーズ　森田療法』ミネルヴァ書房
三木善彦（2004）「内観療法」氏原寛・成田善弘・東山紘久・山中康裕（編）『心理臨床大事典』培風館、p.367-372
三木善彦・真栄城輝明・竹元隆洋（2007）『内観療法』ミネルヴァ書房
三木善彦（1976）『内観療法入門　日本的自己探求の世界』創元社
森田正馬（2004）『神経質の本態と療法―森田療法を理解する必読の原典（新版）』白揚社
大原浩一・大原健士郎（2004）「森田療法」氏原寛・成田善弘・東山紘久・山中康裕（編）『心理臨床大事典』培風館、p.363-367

第13章
心理療法の理論と実際 箱庭療法とコラージュ療法

　カウンセリング場面において、クライエントが箱庭やコラージュといった作品を作成することで治療効果が認められる場合があります。また、こうした作品を作成することで、クライエントとカウンセラーとのより深い信頼関係をつくりあげることができたり、その後のカウンセリングプロセスを促進することがあります。
　本章では、箱庭療法とコラージュ療法を紹介します。

第1節
箱庭療法とコラージュ療法の基礎

(1) 箱庭療法

　箱庭療法は、ローウェンフェルト（Lowenfeld, M.）により創始された世界技法（ミニチュアを使った自由な表現を行う技法）が出発点とされます。ローウェンフェルトに学んだカルフ（Kalff, D. M.）が、sand play therapyとして体系化したものが箱庭療法です。

　箱庭療法では、国際的に標準化された砂が入った箱（内寸57cm×72cm×7cm）と人間や動植物、建物、乗り物などのミニチュアが準備されており、クライエントは、自発的にミニチュアを選択しながら砂の上に置きます。箱の内側は水色に塗られており、砂をどけることにより、川や海、湖の表現が可能となります（図13-1）。

図13-1　箱庭とミニチュアの例

(2) コラージュ療法

コラージュ療法は、準備した雑誌の中で、気に入った部分を切り取り、台紙に貼り付けるといったものです（図 13 − 2）。コラージュは、フランス語で"膠（にかわ）で貼り付けること"を意味しています。

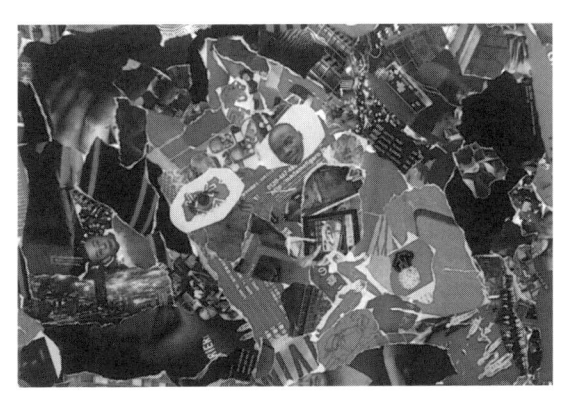

図 13 − 2　コラージュの例

準備する用具は、切り抜くことができる雑誌、はさみ、糊、A4 〜 A3 あるいは B4 〜 B3 の台紙です。場合によってクレヨンなどで台紙に色を着けたり書き込むこともあります。また、クライエントの表現を広げるためにも、雑誌はクライエントが興味を持つことができ、かつ、多様な種類の写真や絵が掲載されているものが良いでしょう。一方、強迫傾向が強いクライエントの場合、あまり多様な種類であるとどの素材を選択すれば良いか悩むこともあるため、クライエントの特徴により、準備する雑誌を取捨選択する必要があります。

他の芸術療法と同様に、クライエントとカウンセラーの信頼関係を構築した上で実施することや、作成途中のクライエントの非言語・言語的メッセージを十分に受け取ることが重要です。

第2節
箱庭療法とコラージュ療法の方法

(1) 箱庭療法

　カウンセラーは邪魔にならない場所でクライエントの箱庭作成を見守ります。完成した作品をみながら、クライエントに「これはどういうものを作成したか教えていただけますか」などの質問をします。また、作品を作成するプロセスで生じるクライエントの言語・非言語的メッセージを受け取ることも大切です。作品の意味や作成途中の各種情報を参考に、クライエントの内的世界を理解することも箱庭療法の目的です。そして、場合によっては、カウンセラーとクライエントが共同し、ひとつの作品を作成することもあります。

　箱庭療法の特徴として、言葉にならない複雑な事象やイメージを非言語的に表現できることや、砂に触れることで生じる適度な退行体験を促すこと、技術の有無に関わらず芸術的な表現が可能であることなどといった利点があります。

　また、箱庭療法を心理検査法として用いた研究では、一定の査定能力が認められるとされています。たとえば、箱庭の空間図式と呼ばれるものなど箱庭療法を評価するひとつの基準もあります（詳しくは他書を参照して下さい）。しかしながら、表現された箱庭に各種評価基準を照らし合わせるだけでクライエントの状態を正確に評価できるとは限らず、多面的なクライエントの理解は欠かせません。

(2) コラージュ療法

　コラージュ療法には、マガジン・ピクチャー・コラージュ法とコラージュ・ボックス法があります。マガジン・ピクチャー・コラージュ法は、クライエント自身で雑誌を切り抜き貼り付ける方法です。この方法では自由度が高まりますが、雑誌の好きな部分を自由に選択し切り抜くという作業には多大な心理的エネルギーが必要です。したがって、クライエントの状態に合わせながら行う必要があります。

　一方、コラージュ・ボックス法は、予め切り抜かれた材料を、クライエントが自由に選択し貼り付ける方法です。この方法は、心理的エネルギーが低いクライエントやはさみを使用することができない、あるいははさみを使用することが不適切な、マガジン・ピクチャー・コラージュ法が適さないクライエントに適用することができます。

　コラージュ療法は、クライエントが日常見慣れた雑誌を用いることから、比較的安全な方法とされています。カウンセラーは作成したコラージュを解釈する姿勢ではなく、クライエントとともに味わう姿勢が求められます。

＜まとめ＞

　本章では、箱庭療法とコラージュ療法を紹介しました。これらの方法を実施する際には、クライエントが表現する言語・非言語的メッセージをしっかりと受け止めることが必要不可欠です。また、クライエントが作成した作品にクライエント自身の感情を投影させることから、感情を発散させる良い手段となります。さらに、作品を作成するプロセスにカウンセラーが同席することで、クライエントとの信頼関係をより一層構築することも期待できます。

　一方、作成した作品にクライエントの無意識的側面が投影されるといった考え方もあり、作品を解釈し、クライエントの性格や趣味趣向、状態像

を把握することもできます。ただし、作品だけを評価することだけでクライエントの全てを理解することは不可能です。したがって、箱庭やコラージュなどの作品をクライエントの査定（第14章参照）に用いる場合、その有用性と限界についてカウンセラーが十分に理解した上で、適切な利用が望まれます。

■ 引用・参考文献 ■

村上慶子（2004）「箱庭療法」氏原寛・成田善弘・東山紘久・山中康裕（編）『心理臨床大事典』培風館、p.387-391

森谷寛之（2004）「コラージュ療法」氏原寛・成田善弘・東山紘久・山中康裕（編）『心理臨床大事典』培風館、p.397-399

木村晴子（1985）『箱庭療法―基礎的研究と実践』創元社

東山紘久（1994）『箱庭療法の世界』誠信書房

森谷寛之・杉浦京子・入江茂・山中康裕（編）（1993）『コラージュ療法入門』創元社

森谷寛之（2012）『コラージュ療法実践の手引き―その起源からアセスメントまで』金剛出版

第Ⅲ部
カウンセリングの実践
― 心理検査と心理的問題

　カウンセラーは、クライエントの有する言語的・非言語的情報を聴取することや心理検査を実施することでクライエントの情報を収集します。そして、それらの情報を組み立てながら、クライエントが抱える問題の本質を浮き彫りにします。また、クライエントの状態を診断基準に照らし合わせ"○○障害"として理解することも適切な支援を行うベースとなるものです。
　第Ⅲ部では、心理検査法といくつかの診断基準を紹介します。心理検査法や精神疾患の特徴を理解しましょう。また、第16章では、カウンセリングについて3人の事例を紹介しています。みなさんがカウンセラーだとしたとき、この3人に対して、どのような支援を行うでしょう。第Ⅰ部からの内容を踏まえ、想像を膨らませてください。

第14章
カウンセリングと心理検査法

　カウンセリングを実施する際、クライエントの言語的・非言語的な表現から得ることができる情報は多々あり、カウンセラーはその情報に基づき、治療仮説を立て、支援を実行します。こうした中で、信頼性・妥当性が十分に確保された心理検査を用い、クライエントの状態や特性を評価することで、有用な情報を手に入れることも期待できます。

　本章では、心理検査法の基本的な考え方と具体的な方法を紹介します。

第 1 節
心理検査とは

(1) 心理検査の理念

　心理検査といった時、知能を測定するもの、人格（性格）を測定するもの、症状や各種状態を測定するものなど、多種多様なものが存在します。たとえば、教育機関では児童・生徒の知能を測定するために、ウェクスラー式の検査であるWISCを使用し、医療機関ではクライエントの人格特性を検査するためにY-G性格検査を使用し、うつの状態を測定するためにBDIなどといった検査を使用することがあります（検査の詳細は後述します）。これらの検査は、臨床心理学の立場から、詳細な研究が行われ、膨大な知見がその基盤にあります。また、心理検査を作成する過程では、信頼性と妥当性の検討が行われ、"あるものを測定するために有益な"検査が開発されています。

　信頼性とは、同様の能力の人間が回答するのであれば、"何度回答しても同様の結果が出る性質"を指し、妥当性とは、"測定したいものを測定できている性質"を指します。信頼性と妥当性が高い検査とは、カウンセリングの場面においても、利用価値の高い（クライエントを支援する際に有用な情報を得られる可能性が高い）検査です。

　一方、信頼性・妥当性が高い検査だとしても、それが100％の確率でクライエントの心理的側面を測定できるということではありません。したがって、心理検査で得ることができる情報は、クライエントを理解することの助けとなる情報ということをカウンセラーは十分に理解しておく必要

があるでしょう。

　また、心理検査を実施する際、その目的を明確にする必要があり、いたずらに実施することがあってはなりません。たとえば、子どもの知的発達を心配した保護者がカウンセラーに対して「知能検査をして欲しい」と依頼した場合、知能検査を実施した結果をどのように活かし、もしも、特別な支援が必要であると判断がつく場合に、どのように具体的な支援が可能であるのかを考慮した上で実施する必要があります。

　目で見ることができない心理的側面を、数値をはじめとした"目で見える"形で表現することができる心理検査は、カウンセリングの効果を上げる役割を果たすことが十分に期待できます。しかしながら、それを使用するカウンセラーは、心理検査の限界を知り、"目で見える"結果に一喜一憂してはいけません。また、心理検査を実施した場合、その結果は、クライエントにわかりやすく、かつ丁寧にフィードバックする必要があります。さらに、フィードバックに際しては、クライエントを混乱させてしまうなど不利益とならないよう、熟慮した上でフィードバックする必要があります。

　なお、心理検査をはじめとしたクライエントの情報から、クライエントを評価することを心理査定（アセスメント）と呼びます。心理検査を用い測定することは心理査定法に包括される概念です。

コラム　特性と状態

　人間の心理的側面を表現する際、特性と状態という２つに分けてとらえることがあります。特性とは、長期間で形成され短期間では容易に変容することがないものを指し、たとえば、性格は特性です。一方、状態とは、短期間で容易に変容する可能性があるものを指し、たとえば、情動や気分は状態です。したがって、短期間におけるクライエントの変化を検証したい場合、クライエントの状態的な側面を注意深く

測定する必要があります。特性的な側面を測定することで短期的な変化（状態的な変化）に言及することはありません。もし、1週間ほどの短期間においてクライエントの性格が変化した場合、クライエントにとって余程大きな出来事（性格が変わってしまうような出来事）があったか、あるいは性格検査に何らかの問題があるかのいずれかが想定できます。多くの場合、後者が原因です。

(2) 心理検査の実際

心理検査は、さまざまな場所で実施されています。ここでは、教育・医療・産業の現場における心理検査の実際を紹介します。

①教育現場における心理検査

教育現場、特に義務教育場面では、学習についていけないことが問題の種となることが良くあります。そのため、その児童・生徒の知的側面を測定し、平均的な知的能力とどの程度差が認められるか評価するために、知能検査が実施されます。また、知能検査を実施する前提として、対象児童・生徒の保護者の了解を得ることや、その児童・生徒の知的能力が平均より劣っていた場合、特別な支援を実施するリソースがあり、具体的な支援計画を立案できる必要があります。そして、発達が進むにつれ、その年齢の平均的な知的能力に追いつく可能性もあることを認識し、将来を見据えた支援を行う必要もあります。

また、高校生や専門学校生、大学生などに対しては、性格検査や適性検査を実施することで、各人の自己理解を促進することや、職業適性を評価することなどを目標に心理検査が実施されることがあります。

加えて、未就学児の発達を評価するために、乳幼児の発達診断として、津守式乳幼児精神発達診断検査などがあります。この検査は、養育者や保

育者が乳幼児を観察し、回答するといった形式です。

②医療現場における心理検査

　医療現場では、クライエントを理解することを目的に、性格や状態（病態）を評価するために心理検査が実施されます。性格を理解することで、クライエントの特徴的な言動を理解することにつながる可能性もあります。また、複雑な問題を抱えている場合や、精神疾患を抱えているクライエントの場合、その問題や病気の状態を測定するため、適切な心理検査を選択し実施します。

　ひとつの心理検査のみを実施するのではなく、時と場合によっては、いくつかの心理検査を組み合わせ（テストバッテリー）、多面的に理解することもあります。テストバッテリーを組む場合、クライエントへの負担を考える必要があります。

③産業現場における心理検査

　産業現場では、その組織に存在する労働者を対象とした心理検査が実施されます。たとえば、研修の機会などがあれば、自己理解を目的とした性格検査を実施することがあるでしょうし、ストレスをチェックするための心理検査を実施することもあります。原則的には、労働者の"病気"を発見するのではなく、労働者自身の成長や予防を志向し、簡便な心理検査が実施されることが多いといえます。

　一方、病的である場合、その組織に産業保健スタッフ（産業医や保健師、心理士など）がいる場合には、産業保健スタッフが行う面接において、症状を査定することが可能な検査が実施される場合があります。

　以上のように、各現場において、その目的や環境に合わせて心理検査が実施されています。つぎに、心理検査の具体的な方法についてみてみましょう。

第Ⅲ部　カウンセリングの実践　―心理検査と心理的問題

第2節
質問紙法

(1) 質問紙法の基礎

　質問紙法は、アンケート調査のようなもので、自己記入式で自己採点が可能なものが多く、一度に多数の対象者に実施することができるというメリットがあります。一方、質問項目を読み回答する方法であることから、質問項目の意味を理解できなかったり、他者にどう評価されるかを気にして回答してしまう（社会的望ましさに影響を受ける）と、正確な結果を得ることができないというデメリットがあります。

　臨床心理学の専門的立場から質問紙法の検査が実施される場合、多くの検査が、信頼性・妥当性が確認されたものであるといえます。なお、詳しくは他書に譲りますが、信頼性・妥当性を確認するために、因子分析をはじめとした統計的手法が駆使されています。

(2) 質問紙法の実際

　質問紙法の心理検査は、数多く開発されています。ここでは、代表的な質問紙法の心理検査の概要を紹介します。

① MMPI（Minnesota Multiphasic Personality Inventory）
　MMPI（ミネソタ多面人格目録）は、15歳以上が対象となる検査で、妥当性尺度・臨床尺度・追加尺度の3部から成り、全550項目2件法（「当

第14章 カウンセリングと心理検査法

てはまる」・「当てはまらない」)の検査です。妥当性尺度は、社会的望ましさをはじめとした回答の妥当性や検査に対する姿勢を測定するものです。臨床尺度は、第1尺度から第0尺度までで構成され、それぞれ性格傾向を測定するものです(表14-1)。

表14-1　MMPIの尺度構成

?	疑問尺度	・「どちらでもない」の項目数を得点化し、見直しを求めても30個以上の場合、その後の解釈は中止。
L	L尺度	・故意に自分を好ましく見せる場合、得点は高くなる。 ・教育水準、知能、社会経済的地位、心理検査への慣れなどが関係する。
F	F尺度	・健常者で採点方向側に回答する人が10%未満となるような項目が集められている。 ・受検態度の指標となる。 ・妥当性を欠くプロフィールでない場合、重篤な精神病理を表す指標となる可能性がある。
K	K尺度	・受検態度における偏りを検出。 ・臨床尺度で診断上の弁別力を高めるため、得点修正に用いられる。
第1尺度	Hs (hypochondriasis) 尺度	心気症
第2尺度	D (depression) 尺度	抑うつ
第3尺度	Hy (hysteria) 尺度	ヒステリー
第4尺度	Pd (psychopathic deviate) 尺度	精神病質的偏倚(へんい)
第5尺度	Mf (masculinity femininity) 尺度	男子性・女子性
第6尺度	Pa (paranoia) 尺度	パラノイヤ
第7尺度	Pt (psychasthenia) 尺度	精神衰弱
第8尺度	Sc (schizophrenia) 尺度	精神分裂性
第9尺度	Ma (hypomania) 尺度	軽躁性
第0尺度	Si (social introversion) 尺度	社会的内向性

MMPI新日本版研究会(編)(1993)『MMPIマニュアル』(三京房)に基づき筆者が作成

② Y-G性格検査（矢田部－ギルフォード性格検査）

　ギルフォード（Guilford, J. P.）らが考案した人格目録をモデルに矢田部達郎らにより作成された代表的な性格検査です。小学生から成人を対象とした検査で、小学生用・中学生用・高校生用・大学・一般用が用意されています。大学・一般用の検査は140項目3件法（「はい」・「どちらでもない」・「いいえ」）で回答を求め、集計した後、D（抑うつ性）・C（回帰的傾向）・I（劣等感）・N（神経質）・O（客観性）・Co（協調性）・Ag（攻撃性）・G（一般的活動性）・R（呑気さ）・T（思考的外向）・A（支配性）・S（社会的外向）の得点を求め、プロフィールを作成します（図14－1）。また、それぞれを総合的に検討することで、性格のパターンを知ることもできます。

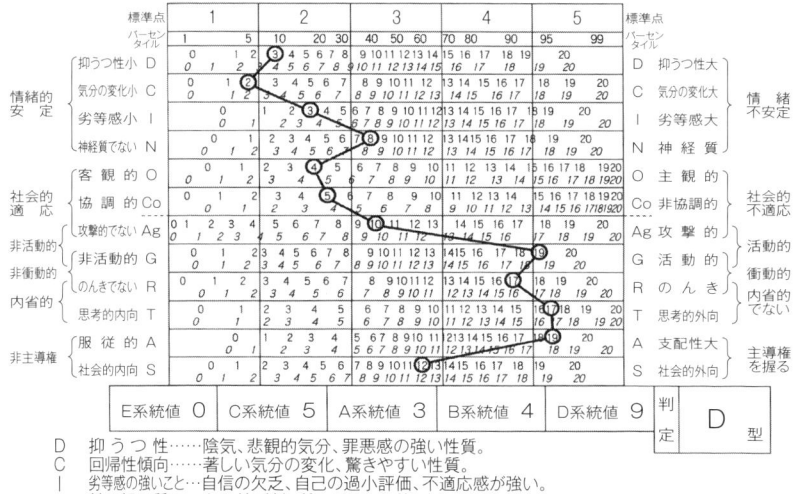

図14－1　Y-G性格検査プロフィールの例

③ TEG（Tokyo University ego gram）

15歳以上が対象となる53項目3件法（「はい」・「どちらでもない」・「いいえ」）の検査です。交流分析（第11章参照）における構造分析の際に用いられるエゴグラムの一種で、質問項目へ回答した後、検査用紙に併記されているプロフィールを作成することで、CP（Critical Parent：厳格な父）・NP（Nurturing Parent：養育的な母）・A（Adult：大人）・FC（Free Child：自由な子ども）・AC（Adapted Child：適応的な子ども）といった5つの自我状態を確認することができます。

本検査は交流分析（第11章参照）で用いることもあります。

④うつ状態を測定する心理尺度

うつ状態を測定する尺度として、SDS（Self-rating Depression Scale）やBDI（Beck Depression Inventory）があります。SDSは、18歳以上を対象とした20項目4件法（「ない、たまに」・「ときどき」・「かなりのあいだ」・「ほとんどいつも」）の検査で、抑うつの状態像（主感情、生理的随伴症状、心理的随伴症状）を評価することができます。一方、BDIは、13歳以上を対象とした21項目4件法（質問項目により回答方法が異なる）の検査で、最近2、3日における抑うつ気分を測定することができます。

SDSの場合、20点〜80点の得点範囲で、うつ病患者の場合60点以上を示すことが明らかとされ、BDIの場合、17点が健常とうつ病との境界であることが明らかとされています。

⑤不安を測定する尺度

STAI（State-Trait Anxiety Inventory）

STAIは、中学生以上を対象とした、状態不安と特性不安を測定できる検査です。状態不安とはここ最近の不安であり、特性不安とは長期間にわたり有する不安（性格傾向としての不安）を指します。

状態不安20項目4件法（「しょっちゅう」、「しばしば」、「ときたま」、「ほとんどない」）、特性不安20項目4件法（「全くちがう」、「いくらか」、「まあそうだ」、「その通りだ」）の合計40項目の検査で、男性の場合では状態不安が42点、特性不安が44点、女性の場合では、状態不安が42点、特性不安が45点以上である場合に不安が高いものと判断します。

第3節
投影法

(1) 投影法の基礎

　投影法は、多くの場合、多義的に理解できる抽象的な図版を提示し、自由に反応を求める形式で、検査対象者と検査者との1対1の環境で実施されます。多義的に理解できる抽象的な図版に対する自由な反応であるため、無意識的側面が図版に投影されることから、検査対象者の無意識に潜在する問題を理解することができるとされています。

　投影法の場合、多義的で抽象的な図版に対する反応なので、社会的望ましさの影響を最大限避けることができるというメリットがあります。一方、検査対象者の言語的反応を詳細に記録し、それを分析することから、結果が、分析をする検査者の経験に依存することや、実施に時間を要するなどというデメリットがあります。また、無意識的側面が投影されているか否かにエビデンス（証拠）がないことや、結果の解釈に検査者の主観が用いられるなどの批判もあり、投影法に対して懐疑的な立場をとる研究者・実践家も存在します。。しかしながら、膨大な先行研究も存在し、現代社会においても、特に医療機関などでは、スタンダードな心理検査として用いられることから、利用価値のある心理検査であるといえます。

(2) 投影法の実際

　投影法の内、ここでは、ロールシャッハテスト、TAT（Thematic

Apperception Test；絵画統覚検査)、P-F スタディ (Picture-Frustration Study)、SCT (Sentence Completion Test；文章完成テスト)、バウム・テストを紹介します。

①ロールシャッハテスト

ロールシャッハテストは、インクブロット（左右対称のインク染み）で表現される10枚の図版を提示し、検査対象者に自由な反応を求める検査です（図14-2）。ロールシャッハで使用される図版は世界的に標準化されたもので、実施ならびに解釈の方法として、片口式やエクスナー式と呼ばれるスコアリング・システムがあります。

出典：Hilgard et al., 1979
図14-2 ロールシャッハテスト図版の例

代表的な実施法は、まずは10枚すべての図版に自由な反応を求め、その後、10枚の各反応について、再度詳細を尋ね記録するなどといった方法があります。また、ここでは、検査対象者の言語的反応や初発反応速度（反応までに要する時間を初発反応時間と呼び、片口法の場合に限り測定します）を正確に記録すること、そしてその内容をスコアリング・システムに則り解釈することが必要となります。

② TAT(Thematic Apperception Test)

TAT(絵画統覚検査)では、人物が登場する30枚(内1枚は白紙)の図版を提示し、検査対象者の自由な反応を求める検査です(図14－3)。30枚の図版の内、数枚で、男子・女子・男性・女性で提示する図版が異なります。また、ロールシャッハテスト同様に、図版に対する言語的反応を記録し、解釈します。図版の中に人物が登場することから、検査対象者の日常的な対人関係が投影される検査ともいえます。小児用としてCAT(Children's Apperception Test)が準備されています。

出典:Murray, 1943:林、1967　　　出典:Hilgard et al., 1979

図14－3　TAT・CAT図版の例

③ P-Fスタディ(Picture-Frustration Study)

P-Fスタディは、ロールシャッハテストやTATとは異なり、検査対象者に冊子を渡し、記入を求めるといった形式の検査です(図14－4)。

冊子には、欲求不満に陥る人物が登場する場面が描かれており、その人物に空白の吹き出しがつけられています。そして、検査対象者は、その人物の立場に立ち、吹き出しにその場面で発言するだろう言葉を記述します。こうした言語的反応を通して、アグレッションの型(障害優位型・自我防衛型・要求固執型)と攻撃の方向(外罰・内罰・無罰)とを評価します(表

14-2）。成人用に加え、児童用もあります。

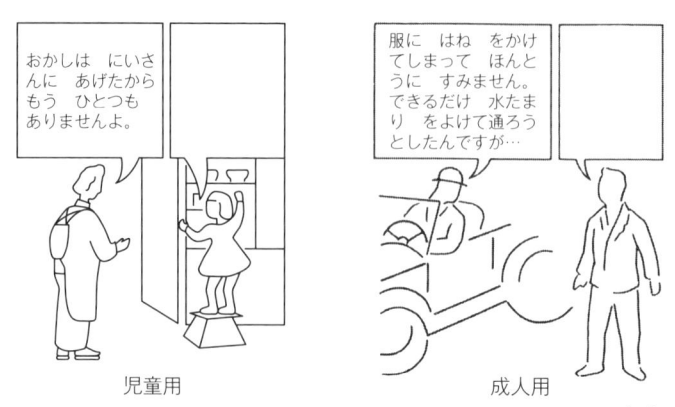

児童用　　　　　　　　成人用

出典：住田ほか、1969

図14-4　P-Fスタディの例

表14-2　アグレッションの型

アグレッションの方向 \ アグレッションの型	障害優位型	自我防衛型	要求固執型
他責的	【他責逡巡型】欲求不満を引き起こした障害を指摘することにとどめるタイプ	【他罰反応】他者やモノに対して敵意が直接向けられるタイプ	【他責固執型】欲求不満を解決するために、他者が働いてくれることを強く期待するタイプ
自責的	【自責逡巡型】欲求不満を引き起こした障害への指摘は内にとどめる。不満を抑えて表現しないタイプ	【自罰反応】非難が自分自身に向けられ、自責・自己非難をするタイプ	【自責固執反応】欲求不満を解決するため、自身で努力をするタイプ
無責的（無罰）	【無責逡巡型】欲求不満を引き起こした障害を指摘することを最小限にとどめ、障害の存在を否定する場合もあるタイプ	【無罰反応】欲求不満を引き起こした障害に対する非難を全くせず、欲求不満の原因を許すタイプ	【無責固執反応】時間や環境が欲求不満事態を解決するだろうと期待するタイプ

④ SCT（Sentence Completion Test）

　SCT（文章完成法）では、たとえば、「私の父は、…」などのように（図14－5）、未完成の文章が掲載された冊子を検査対象者に渡し、回答を求めるものです。いくつかの項目に対する回答を精査することで、検査対象者の性格特性を理解することを目的としています。

```
1　争い _____
　 _____
2　私が知りたいことは _____
　 _____
3　私の父 _____
　 _____
4　私がきらいなのは _____
　 _____
5　私の服 _____
```

図14－5　SCTの例

　SCTで測定される性格特性はスキームと呼ばれ、知的側面（知的能力の自己評価）・情意的側面（感情表出の仕方など）・指向的側面（外向性・内向性など）・力動的側面（気分状態など）の4側面に分類されます。また、その決定因として、身体（自身の身体的条件）・家族（家族の関係性など）・社会（対人関係や経済的状況、性的同一性など）が想定されています。

⑤ バウム・テスト

　バウム・テストは、コッホ（Koch, K.）によって投影法のテストとして確立されましたが、心理査定法としての役割だけではなく、絵画療法の役割を果たすこともあります。

　絵画療法には、たとえば、人物画法、HTP（家・木・人テスト）、風景構成法などさまざまな方法がありますが、鉛筆などを用い、用紙に自由に表現することが共通点です。絵画療法は、クライエントに"自由に何でも

心に浮かんだイメージを描く"ことを求める自由画法がその原点といえます。こうした中、自由に描くことに抵抗を覚えるクライエントや何も浮かばず描くことができないクライエントも存在することから、課題を提示した上で描画を求める方法（課題画法）として、バウム・テストをはじめとした方法が考案されています。

バウム・テストは、クライエントに「実のなる一本の木」（果樹を描くことを求めることで、表現の幅が狭くなる針葉樹にならない）を描くことを求めます。彩色することもあり、描かれた木に、"基本的な生命感"や"コントロールの善し悪し"、"内面的な豊かさ"などが表れるとされています。

準備する用具は、白紙用紙（A4判）と4Bの鉛筆で、時間の制限は原則として設けません。箱庭療法と同様に作成のプロセスで生じる非言語的・言語的メッセージを十分に受け止める必要があります。

発達の過程により、描かれる木の形には変化が認められます。幼形は一度、幼型（シンプルな筒形の幹と丸型の葉部分）として完成した後、人型（幹から腕が左右に伸びている人間のような形）に移行し、小学校3年生〜6年生までの間で写実期（実物を正確に写実する時期）へ移行し、成人期には省略期（実物を模しているものの、細部は省略する時期）に移行するとされています。

バウム・テストで描かれた実のなる一本の木を解釈する際には、まず、全体的な印象を検討し、その後で細部を評価します。評価の基準はひとつではありませんが、たとえば、表14-3のような指標や、表14-4のような特徴を参考に評価を行うこともあります。

第14章　カウンセリングと心理検査法

表14−3　バウム・テストの評価指標

ていねいさ	陰影、消しゴム、重ね書き、塗り、実や葉の形態水準（実物の描写の程度）、こまやかな枝分かれ、幹の表面の表現　など
不安 （緊張・イライラ）	幹の不連続性、傾斜、部分的な協調、ひと筆書き、紋切型の表現、傷、切り跡、浮き上がり　など
ゆがみ （形の崩れ、奇妙さなど）	上ほど太い幹、先ほど太い幹、釣り合わない葉、釣り合わない実、膨らみ、くびれ、枝の不統一、幹や枝のズレ、枝の奇妙な折れ、枝の奇妙な曲がり
貧困	1線の幹、全1線の枝、極端な省略、高さ1／2程度の小ささ、幅の狭さ、弱い筆圧

出所：青木健二（2004）「バウム・テスト」氏原寛・成田善弘・東山紘久・山中康裕（編）『心理臨床大事典』培風館、p.556-561を参考に筆者が作成

表14−4　バウム・テストで表現される木の特徴

成熟型	かなり丁寧。そこそこの省略もある
省略型	描線が成熟し、早く滑らかで大きさもある
繊細型	丁寧さが目立ち、写実的
不安型	不安指標が目立ち、ゆがみはあまりない
萎縮型	ゆがみはほとんどなく、目立たず小さく、元気がない
貧相型	大きさはあるが要素がなく、ボーッとした感じ
閉鎖型	ゆがみも不安も示さないが、閉じこもった感じ、輪郭が固い
混乱型	まとまりが悪く、ゆがみが多い、早い描線で乱雑
欠陥型	ゆがみが多く奇妙、エネルギーは高く、まとめようとしているがまとまらない
不全型	それなりにまとまっており、エネルギーも高いが、不恰好
消耗型	ゆがみがあり、まとまりが良くない、1線幹や1線枝が多く要素が少ない
拒否・不能型	できない、書けないと拒否する。別のものを書くなど

出所：青木健二（2004）「バウム・テスト」氏原寛・成田善弘・東山紘久・山中康裕（編）『心理臨床大事典』培風館、p.556-561を参考に筆者が作成

第4節
作業検査法

(1) 作業検査法の基礎

　作業検査法では、検査対象者にある作業を決まった時間で行うことを求めるといったもので、作業量と作業の正確さにより、検査対象者の特徴を把握するものです。作業検査法の代表として、下記で紹介する内田クレペリン精神作業検査がありますが、この検査では、1桁の数字の連続加算が作業として求められます。

　作業検査法は、膨大なデータが収集されており、基準が明確であり、その基準と照らし合わせ、検査対象者の特徴を把握できること、単純作業を行うため、社会的望ましさや検査対象者による意図的な回答の歪曲が生じにくいというメリットがあります。一方、作業が負担になる可能性があることや、作業を行うことができない場合には実施ができないなどといったデメリットがあります。

(2) 作業検査法の実際

①内田クレペリン精神作業検査

　内田クレペリン精神作業検査では、検査対象者に、横並びの1桁の数字を連続で加算することを求めます。一般的には、練習2分、15分間の連続加算、5分休憩、15分間の連続加算から成る15分法が用いられます。また、連続加算では、1分毎に「つぎ」という指示にしたがい、計算行を

1行下へ進めます。

検査結果の分析では、正誤を考慮した上で計算量を曲線化し（図14－6）、その曲線を膨大なデータベースと照らし合わせ判定し（緊張や慣れなどから判定します）、検査対象者の性格傾向を判定します。検査終了後、業者へ結果を送付することで、コンピューター診断が行われ、詳細な分析結果を得ることができます。

レンシュウ
7 9 4 6 3 8 6 7 5 9 8 5 6 3 9 7 4 8 9 3 7 4 8 3 9 6 8 4 5 8 4 6 9 5 7 6 3
6 3 0 9 1
3 8 5 9 8 7 6 5 4 9 6 8 3 7 9 8 4 5 8 6 7 4 9 5 4 7 6 9 8 5 9 3 6 7 4 3 8
8 7 4 9 8 4 7 3 8 5 9 8 5 6 7 3 6 9 4 7 5 9 6 4 9 7 4 8 6 3 4 7 5 6 7 8 4
4 7 8 6 5 3 9 5 8 4 5 6 7 9 8 4 6 5 7 8 3 7 5 3 8 6 7 5 8 9 3 5 7 9 6 8 9
8 3 5 9 4 8 7 5 3 8 4 5 8 7 6 8 9 7 5 3 9 5 7 6 5 4 7 9 4 6 5 7 4 9 3 8 5

この作業は次の経過をとる。最初は初頭努力によって作業効率は高いが、次第に意志緊張がゆるみ、疲労が加わって、作業量は下降する。しかし15分の終わりに近づくと、終末努力が現れる。5分間休み、さらに15分間作業する。まず初頭努力と練習効果によって最高の作業量が現れるが、再び意志緊張の低下と疲労によって低下し、最後にわずかな終末努力が認められる。これが定型曲線であり、この定型曲線から著しく逸脱する人の性格（とくに意志面）には問題がある。

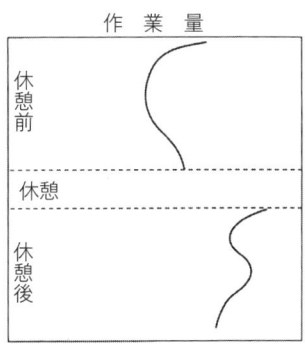

出典：日本・誠心技術研究書発行／村田孝次、1987／横田、1958

図14－6　内田クレペリン精神作業検査の例

第Ⅲ部 カウンセリングの実践 ―心理検査と心理的問題

第5節
その他の方法

　質問紙法・投影法・作業検査法に分類されない心理検査もいくつか存在します。こうした検査では、検査者からの質問に回答しながら、手指を動かす課題に回答するものや、パズルのような課題に回答するものなどさまざまです。ここでは、ビネー式の知能検査ならびにウェクスラー式の知能検査、長谷川式簡易知能スケールを紹介します。

（1）ビネー式の知能検査

　ビネー式の知能検査は、フランスの心理学者ビネー（Binet, A.）が医師シモン（Simon, Th.）の協力を得て開発した30問から成る初の知能検査で、義務教育において必要となる知的能力が劣っている子ども（当時は精神薄弱児と呼ばれていました）の弁別を目的に作成されました。1905年に知能検査項目が考案されて以来、時代に合わせた数々の改訂がなされ、項目数はその都度変化しています。たとえば、スタンフォード大学のターマン（Terman, L. M.）による検査は、知能指数（IQ：intelligence quotient）という概念を採用し、ビネー式の検査の中で有名な検査といえます。知能指数は、精神年齢（Mental age：MA）と生活年齢（Chronological age：CA）を用い算出されるもので、計算式はIQ＝MA／CA×100となり、精神年齢と生活年齢が一致していればIQ＝100となります。そして、精神年齢は、検査者からの質問への回答や各種作業の結果から算出されます。

　こうした中、発達の過程において精神年齢は、成人期以降一定以上の伸

びは期待できず、IQ を用いることに問題が生じます。たとえば、30 代以降で精神年齢は変わらないと仮定した場合、生活年齢が 60 歳になれば、IQ=30 ／ 60 × 100 で、IQ=50 となってしまいます。したがって、成人を対象に IQ という概念を用いる時、偏差知能指数（deviation IQ）を算出することがあります。偏差知能指数は、（個人の検査得点 − 母集団の平均検査得点）× 15 ／母集団の検査得点標準偏差 + 100 で算出されるものであり、各年齢集団における精神年齢を示すことができるものです。現在、ビネー式の検査は多数存在しますが、わが国においては、田中ビネー式知能検査や鈴木ビネー式知能検査が活用されています。

(2) ウェクスラー式の知能検査

ウェクスラー（Wechsler, D.）は、独自の知能検査を開発しました。ウェクスラー式知能検査では、たとえば、言語的知能や動作的知能と呼ばれるようなある課題に対して用いられる知能の程度を多面的に測定できることが特徴です。

現在では、16 歳以上を対象に実施される WAIS（Wechsler Adult Intelligence Scale：現在では改訂が重ねられ WAIS-III）、5 歳から 16 歳 11 ヵ月までを対象に実施される WISC（Wechsler Intelligence Scale for Children：現在では改訂が重ねられ WISC-IV）、3 歳 10 ヵ月から 7 歳 1 ヵ月を対象に実施される WPPSI（Wecheler Preschool and Primary Scale of Intelligence）といった発達年齢に応じた検査が開発されており、活用されています。

p.177 の表 14 − 5 は、WAIS-III で使用される検査の名称と内容、p.178 の表 14 − 6 は WISC-IV で使用される検査の名称と内容です。また、WAIS-III を実施した結果として言語性 IQ・動作性 IQ・全検査 IQ が測定され、また、言語理解・知覚統合・作動記憶・処理速度の群指数と呼

ばれる数値が算出されます。一方、WISC-IV を実施した結果として、全検査 IQ（Full Scale IQ：FSIQ）・言語理解指標（Verbal Comprehension Index：VCI）・知覚推理指標（Perceptual Reasoning Index: PRI）・ワーキングメモリー指標（Working Memory Index：WMI）・処理速度指標（Processing Speed Index：PSI）がなど算出されます。これらの値が検査対象者の年齢群において平均的なものと、どの程度差があるかを検討することや、各知能間の差異（ディスクレパンシー）を検討することで、検査対象者の知能を評価します。

（3）改訂 長谷川式簡易知能評価スケール

　改訂 長谷川式簡易知能評価スケール（HDS-R）は、医師長谷川和夫により開発された、認知症を評価するための尺度です。検査者の質問に対して言語的に反応を求め、正答に加点することで、全体の得点を算出します。HDS-R の場合、合計得点 20 点が、認知症を最も弁別する得点とされています。

　項目は、全 9 項目から成り、年齢を尋ねる問題や計算を求める問題、記憶などに関する問題から構成されています（p.179 の表 14 − 7）。

表 14 − 5 　WAIS-III の検査項目

検査名	概　要
絵画完成	問題冊子の絵で欠けている重要な部分に回答を求める
単語	問題冊子を提示しながら音読し、その単語の意味を回答する
符号	数字と対になった記号を書き写す。モデルを手掛かりに、各数字に対応する記号を書いていく
符号補助問題1	「符号」で使われた数字と記号、あるいは記号のみを記憶から再生する課題。対再生（P）と自由再生（F.R.）から成る。対再生では、それぞれの数字の下に空白の四角があり、そこへ記号を再生し記入する。自由再生では、所定の枠中に覚えている記号を自由に記入する
類似	共通点または共通する概念を持つ2つの言葉（刺激語）を口頭で提示する。その2つの物や概念がどのように似ているか回答する
積木模様	モデルを提示し、制限時間内で同じように積木を組み立てる
算数	算数の問題を口頭で提示し、制限時間内で暗算を求める
行列推理	一部分が空欄になっている図版を提示、その下の5つの選択肢から空欄に当てはまるものを選択させる。口頭あるいは指さし
数唱	決められた数系列を読み聞かせ、同列（逆列）で回答
知識	一般的な知識に関する質問へ回答。重要な出来事、もの、場所、人に関する一般的知識を問う
絵画配列	それぞれ物語になっている11組の絵カードを決められた順番で提示し、制限時間内に話の順になるように並べ替える
理解	日常的な問題の解決や社会的なルールの理解に関する一連の質問に口頭で回答
記号探し	見本刺激（2つの記号）と記号グループ（5つの記号）を見比べ、記号グループの中に見本刺激と同じ記号があるかどうかを制限時間内で判断する
語音整列	一連の数とカナを読み聞かせ、数（昇順）、カナ（五十音順）に並べかえさせる
組合せ	提示された6から9のピースを制限時間内に組み合わせる
符号補助問題2	「符号」で使われた記号を視写する課題。それぞれの記号の下に空白の四角があり、そこへ記号を視写する

符号の補助問題とは、「符号」検査において、その詳細を確認する場合に実施する検査である。
出所：日本版 WISC-IV 刊行委員会（訳編）（2011）『日本版 WISC-IV 実施・採点マニュアル』
　　　日本文化科学社に基づき著者作成

表14－6　WISC-IVの検査項目

検査名	概　要
積木模様	モデルを提示し、制限時間内で同じように積木を組み立てる
類似	共通のもの、あるいは共通の概念をもつ2つの言葉を口頭で提示し、それらのものや概念がどのように類似するかを問う
数唱	決められた数系列を読み聞かせ、同列（逆列）で言わせる
絵の概念	2～3段からなる複数の絵を提示、それぞれの段から共通の特徴がある絵を1つずつ選ばせる
符号	幾何学図（符号A）、または数字（符号B）と対になる簡単な記号を書き写させる。制限時間120秒
単語	絵の課題（絵を提示）、語の課題（口頭で単語を提示）の意味を問う
語音整列	一連の数とカナを読み聞かせ、数（昇順）、カナ（五十音順）に並べかえさせる
行列推理	一部分が空欄になっている図版を提示、その下の5つの選択肢から空欄に当てはまるものを選択させる。口頭あるいは指さし
理解	日常的な問題の解決や社会的ルールなどの理解に関する質問
記号探し	刺激記号が、記号グループ内にあるかどうかの判断を求める
絵の完成（補助）	絵を提示し、欠けている部分を探させる
絵の抹消（補助）	不規則に配置、あるいは規則的に配置した絵の中から動物の絵を探して線を引かせる。制限時間45秒
知識（補助）	一般的知識に関する質問
算数（補助）	算数の問題を口頭で提示し、暗算を求める。制限時間は各問題30秒
語の推理（補助）	いくつかのヒントを与えて、それらに共通する概念を答えさせる

積木模様から記号探しまでの10検査は基本検査と呼ばれ、全てを実施する必要がある。（補助）とは補助問題を指し、積木模様から記号探しまでの基本問題への回答に不備が生じた場合や、基本問題への回答ができない場合の代替問題として実施する。
出所：日本版WISC-IV刊行委員会（訳編）（2011）『日本版WISC-IV実施・採点マニュアル』日本文化科学社に基づき著者作成

表 14 − 7

問題	採点法
1．年齢	2歳までの誤差は正答、正答で1点
2．日時の見当識	年・月・日・曜日それぞれ正答で各1点
3．場所の見当識	自発的回答で正答の場合2点、促された正答の場合1点
4．3つの言葉の記銘	ひとつの言葉の再生に対して、正答である場合1点、全問正答で3点
5．計算	100から7ずつ引かせる。各1点、2回計算を行い全問正答の場合、2点
6．数字の逆唱	3桁、4桁の逆唱ごとに正答である場合、各1点、全問正答で2点
7．3つの言葉の遅滞再生	問題4で記銘した内容（3つの言葉）を再生、自発的回答で正答の場合、各2点、ヒントを与えた後の正答は、各1点
8．5つの物品記銘	相互に無関係な物品を記銘し、正答の場合、各1点
9．野菜の名前	約10秒で次の野菜の名前が出ない場合は打ち切り。野菜の名前5個までは0点、6個で1点、7個で2点、8個で3点、9個で4点、10個で5点

■ 引用・参考文献 ■

青木健二（2004）「バウム・テスト」氏原寛・成田善弘・東山紘久・山中康裕（編）『心理臨床大事典』培風館、p.556-561
氏原寛（2004）「心理アセスメント」氏原寛・成田善弘・東山紘久・山中康裕（編）『心理臨床大事典』培風館、p.435-638
松原達哉（編著）（2002）『心理テスト法入門―基礎知識と技法習得のために（第4版）』日本文化科学社
上里一郎（監修）（2001）『心理アセスメントハンドブック（第2版）』西村書店
村上宣寛・村上千恵子（2008）『改訂 臨床心理アセスメントハンドブック』北大路書房
Wechsler, D.（2011）、日本版 WISC-IV 刊行委員会（訳編）『日本版 WISC-IV 実施・採点マニュアル』日本文化科学社
MMPI 新日本版研究会（編）（1993）『MMPI マニュアル』三京房

第15章
カウンセリングで対象となる代表的精神疾患

うつ病やパニック、不安、PTSDなど、現代社会における心理的な問題は多々存在します。
本章では、カウンセリングにおける精神疾患の考え方と代表的な精神疾患を紹介します。

第1節
精神疾患とカウンセリング

　カウンセリングの対象となるクライエントは老若男女、健康な人から精神疾患を抱えた人まで多岐にわたります。ここでは、そのクライエントの状態や主訴に合わせたカウンセリングを行い、そのカウンセリングの過程では、各種心理療法を適用し、クライエントの成長や回復を目指します。したがって、カウンセリングの対象となるクライエントは決して"病的な人"とは限らず、また、"病的な人"をカウンセリングの対象者とする時、"病的な人"の枠組みや判断の基準は明確化しなくてはなりません。言い換えれば、カウンセリングに訪れる健康的ではない人を、即"病的な人"と判断すべきではなく、さまざまな可能性を考え、多面的にとらえる必要があります。

　以上のように多面的な判断をする時、カウンセラーは、クライエントの行動観察を行い、表情や雰囲気などといった非言語的メッセージを受け取り、また、言語的メッセージも受け取る必要があるでしょう。そして、心理検査を用いた評価を行うことで、クライエントの状態を把握することや性格特性を理解することで、不適応に陥っている理由を考えることも欠かすことはできません。そして、それらの情報を組み合わせることで、見立て（心理的治療に際して行う治療仮説で、ある問題の成り立ちを分析し、心理的治療法の適用可能性を考え、治療効果について考えるといった一連のプロセスを見立てと呼びます）を立て、有効な支援を実現する必要があります。

　一方で、見立てを立てる上で、カウンセラーは精神疾患の知識を有して

おく必要もあります。精神疾患の知識を得るということは、あらゆる精神疾患の特徴を十分に理解し、把握するということです。たとえば、酷く落ち込んでいる人を目前とした時、その人はうつ病と簡単に判断できるでしょうか。うつ病といっても後述するように、いくつかの特徴があります。そして、その特徴と目前とする酷く落ち込んでいる人の状態が合致するか否かを注意深く検討した上で、うつ病の可能性がやっと考えられるようになります。したがって、酷く落ち込んでいるという一側面のみをとらえて、うつ病と判断されるということはありません。また、うつ病以外の精神疾患であっても、その精神疾患を形容するようなあるひとつの特徴をみて、確定的に判断されるべきものではありません。

　以上をまとめると、カウンセリングにおいて"病的な人"を判断する際、決して即座に"病気"と判断するべきではないということになります。ある精神疾患名でラベリングをすることで、"固有な人間としてのクライエント"を見失い、"○○病のクライエント"とみてしまうことがないよう、細心の注意を払う必要があります。

　こうしたことは、カウンセラー以外にも求められる姿勢ともいえます。たとえば、学校教育場面（特に義務教育場面）において、ADHD（注意欠如・多動症／注意欠如・多動性障害）という名前が急速に知れ渡る時代がありました（ADHDについては第2節参照）。ADHDを簡単に紹介すると、注意集中が難しく授業中に授業を受けることができず（注意欠如）、離席し教室の中を歩きまわる（多動）などといった特徴が主な問題となるものといえます。そこで、少しでも授業に集中できず、落ち着きが無い子どもをみて「この子はADHDなんじゃないか」と判断してしまう教師が存在しました。もちろん、教師の全員がこうした判断をするというわけではないですが、落ち着きが無い子＝ADHDといった風潮があったことは確かです。それでは、こうした子ども達がADHDかというと、その可能性もあればそうでない可能性もあります。ADHDであるかどうかは、ADHDの

診断基準とその子どもの特徴を照らし合わせるとともに、医学的・心理学的・発達的な見地から多面的に判断する必要があります。たとえば、未就学の時点で、同年代の子ども達との、社会的場面で、集中するような経験（たとえば、幼稚園・保育園などで友人と一緒に過ごし、環境に適応するような経験）をしていなければ、小学校1年生となってすぐ、授業に集中することは難しいかもしれません。また、園における教育を受けた経験があったとしても、子どもによっては、じっとしていることが苦手（じっとしている経験が少ないため、それが学習できていない）といった場合もあるでしょう。したがって、こうした場合は、ADHDというよりは経験不足と考える方が妥当です。

　ここで紹介した通り、病的なクライエントは必ずしも病気であるとは限らず、その判断は多面的かつ慎重に行う必要があります。また、医師免許を持たないカウンセラーの場合、クライエントに診断をつけることはできません。したがって、クライエントやクライエントを取り巻く環境（クライエントの家族など）から診断を尋ねられた時、それを伝えることはできません。しかしながら、精神疾患の詳細を知り、診断の基準を知ることは、クライエントの病態を理解し、見立てを立て、治療方針を決める時には必要不可欠です。

　第2節では、代表的な精神疾患の診断基準を紹介します。ここで紹介する精神疾患は、全てではありませんが、これらの精神疾患を含め、さまざまな精神疾患の基準を知ることで、クライエントのより深い理解につながります。また、精神疾患の中には、"カウンセリングをしている場合ではない"ものもあり、そうしたクライエントは早急に医療へつながる（投薬治療などを受けることができる機関へリファーする）必要があるでしょう。したがって、特に精神疾患を対象としたカウンセリングを実施する際、医療との連携は欠かすことができません。

第2節
精神疾患とその判断基準

　心理的な問題や病的な状態を評価する際、すなわち精神疾患であるか否かを判断する際、診断基準に基づき判断することがあります。精神疾患に関する診断基準としては、American Psychiatric Association（APA）が刊行する DSM（Diagnostic and Statistical Manual of Mental Disorders；精神障害の診断と統計の手引き）や World Health Organization（WHO）が刊行する ICD（International Statistical Classification of Diseases and Related Health Problems；疾病及び関連保健問題の国際統計分類）が有名です。なお、現在では、DSM は第5版である DSM-5（APA, 2013）、ICD は第10版である ICD-10（WHO, 1990）が代表的な診断基準として用いられています。

　診断基準とは、それぞれの精神疾患の特徴が列挙されており、それにどの程度合致するかにより、その精神疾患であるかどうかを判断するといったものです。

　ここでは、DSM-5 で掲載される代表的な精神疾患を紹介します。

　以下は、DSM-5 でまとめられている疾患のカテゴリーです。各カテゴリーには、より詳細な病態が含まれています（たとえば、抑うつ障害群の中に、うつ病が含まれます）。全てを暗記すべきものではありませんが、どのような精神疾患が存在するかを知り、全体像を知ることは、クライエントの状態像をより正確に把握する上でも欠かすことはできません。また詳しくは DSM-5 を参照して下さい。

1. 神経発達症群／神経発達障害群
2. 統合失調症スペクトラム障害および他の精神病性障害群
3. 双極性障害および関連障害群
4. 抑うつ障害群
5. 不安症群／不安障害群
6. 強迫症および関連症群／強迫性障害および関連障害群
7. 心的外傷およびストレス因関連障害群
8. 解離症群／解離性障害群
9. 身体症状および関連症群
10. 食行動障害および摂食障害群
11. 排泄症群
12. 睡眠－覚醒障害群
13. 性機能不全群
14. 性別違和
15. 秩序崩壊的・衝動制御・素行症群
16. 物質関連障害および嗜癖性障害群
17. 神経認知障害群
18. パーソナリティ障害群
19. パラフィリア障害群

　以上の内、本章では、統合失調症・うつ病／大うつ病性障害・不安症群／不安障害群・強迫症および関連症群／強迫性障害および関連障害群・心的外傷およびストレス因関連障害群・食行動障害および摂食障害群・睡眠－覚醒障害群・物質関連障害および嗜癖性障害群・パーソナリティ障害群・神経発達症群／神経発達障害群をDSM-5から抜粋し紹介します。

（1）統合失調症

統合失調症とは、幻覚や妄想、幻聴などを主の症状とするものです。ただし、幻覚や妄想があるから統合失調症と即座に判断されることはなく、その人の生育歴や生活歴、職業などといったバックグラウンドを詳しく知り、どのような期間にどの程度、統合失調症特有の症状が出現するかを知る必要があります。また、統合失調症を持つ人は、特徴的な症状である幻覚や妄想にばらつきがあるとされています。

統合失調症は、DSM-5 では、"統合失調症スペクトラム障害および他の精神病性障害群"というカテゴリーに分類されます。以下が統合失調症の診断基準です。

統合失調症 Schizophrenia

A. 以下のうち2つ（またはそれ以上）、おのおのが1カ月間（または治療が成功した際はより短い期間）ほとんどいつも存在する。これらのうち、少なくとも1つは（1）か（2）か（3）である。
   (1) 妄想
   (2) 幻覚
   (3) まとまりのない発語[①]（例：頻繁な脱線または滅裂）
   (4) ひどくまとまりのない、または緊張病性の行動[②]
   (5) 陰性症状[③]（すなわち感情の平板化、意欲欠如）

B. 障害の始まり以降の期間の大部分で、仕事、対人関係、自己管理などの面で1つ以上の機能のレベルが病前に獲得していた水準より著しく低下している（または、小児期や青年期の発症の場合、期待される対人的、学業的、職業的水準にまで達しない）。

C. 障害の持続的な徴候が少なくとも6カ月間存在する。この6カ月の期間には、基準 A を満たす各症状（すなわち、活動期の症状）

は少なくとも1カ月（または治療が成功した場合はより短い期間）存在しなければならないが、前駆期または残遺期[4]の期間では、生涯の徴候は陰性症状のみか、もしくは基準Aにあげられた症状の2つまたはそれ以上が弱められた形（例：奇妙な信念、異常な知覚体験）で表されることがある。

D. 統合失調感情障害[5]と「抑うつ障害または双極性障害、精神病性の特徴を伴う」が以下のいずれかの理由で除外されていること。
（1）活動期の症状と同時に、抑うつエピソード、躁病（そうびょう）エピソード[6]が発症していない。
（2）活動期の症状中に気分エピソード[6]が発症していた場合、その持続時間の合計は、疾病の活動期間および残遺期の持続期間の合計の半分に満たない。

E. その障害は、物質（例：乱用薬物、医薬品）または他の医学的疾患の生理学的作用によるものではない。

F. 自閉スペクトラム症や小児期発症のコミュニケーション症[7]の病歴があれば、統合失調症の追加診断は、顕著な幻覚や妄想が、その他の統合失調症の診断の必須症状に加え、少なくとも1カ月（または、治療が成功した場合はより短い）存在する場合のみ与えられる。

以上の統合失調症の診断基準の内、①〜⑦を簡単に説明すると以下の通りです。

①まとまりのない会話

支離滅裂な会話で、ことばのサラダ（サラダのように細かい具材が入り混じっている様子）と形容されることもあります。そのため、他者とのコミュニケーションが成立しないことがあります。

②緊張病性の行動

激しい目的のない運動や、身体の硬直（カタレプシー）などが特徴となる行動を指します。代表的な臨床像は以下の通りです。

- 昏迷　精神運動性の活動がない状態。周囲と活動的な交流がない
- カタレプシー（蠟屈症）　受動的にとらされた姿勢を重力に抗したまま保持する
- 無言症　言語反応がない、またはごくわずかしかない
- 拒絶症　指示や外的刺激に対して反応する、または反応がない
- 姿勢保持　重力に抗して姿勢を自発的・能動的に維持する
- わざとらしさ　普通の所作を奇妙、迂遠に演じる
- 常同症　反復的で異常な頻度の、目標指向のない運動
- 反響言語　他人の言葉の真似をする
- 反響動作　他人の動作の真似をする

③陰性症状

感情の表出が困難である状態や思考が困難な状態を指します。陰性症状とは反対の症状として陽性症状があり、陽性症状は、妄想や幻覚、幻聴など、統合失調症特有の症状が頻発している状態を指します。

④前駆期・残遺期

統合失調症の経過は、前駆期・急性期・消耗期・残遺期（回復期）に分けることができます。前駆期は、発症後、少しずつ症状が現れる時期、急性期は陽性症状が現れる時期、消耗期は陰性症状が現れる時期、残遺期（回復期）は、症状が残りながらも、回復へと向かう時期です。

⑤統合失調感情障害

統合失調症の症状と同時に、抑うつエピソードや躁病エピソードの症状を併存している場合、統合失調感情障害と呼ばれます。

⑥抑うつエピソードと躁病エピソード、気分エピソード

うつ病ならびに躁病の症状を指します。うつ病については、詳しくは、

後述するうつ病／大うつ病性障害で確認してください。躁病は、DSM-5 では"双極性障害および関連障害群"に分類されるもので、気分が異常かつ持続的に高揚することや、開放的・易怒的になることが特徴となるものです。また、気分エピソードとは、うつ病と躁病の症状両者を指していると考えてください。エピソードとは期間を指し、抑うつや躁が現れている期間を○○エピソードと呼びます。

⑦自閉スペクトラム症や小児期発症のコミュニケーション症

自閉スペクトラム症は、自閉性障害・アスペルガー障害・広汎性発達障害がまとめられたもので、社会的コミュニケーションや対人的相互反応における欠陥が主な特徴です。詳しくは後述する、自閉スペクトラム症／自閉症スペクトラム障害で確認してください。

(2) うつ病／大うつ病性障害

うつ病／大うつ病性障害は、抑うつ気分や興味関心や喜びの減退、悲しみ、不眠や疲労感などを主要な特徴としたものです。以下で列挙される基準の内、体重の変化と希死念慮を除いて、ほとんど毎日存在すると考える必要があるとされています。また、抑うつ気分はほとんど1日中存在するとされていますが、不眠や疲労感を主訴としているクライエントの場合、抑うつ気分よりも不眠や疲労の問題に注目してしまい、うつ病であることを見逃してしまうこともあるので、注意が必要とされています。診断基準のAに明記される通り、主要な症状が5つ以上2週間の期間（エピソード）で生じるということも特徴です。

うつ病／大うつ病性障害は、"抑うつ障害群"というカテゴリーに分類されます。以下がうつ病／大うつ病性障害の診断基準です。

うつ病／大うつ病性障害

A. 以下の症状のうち5つ（またはそれ以上）が同じ2週間の間に存在し、病前の機能からの変化を起こしている。これらの症状のうち、少なくとも1つは（1）抑うつ気分、または（2）興味または喜びの喪失である。

注：明らかに他の医学的疾患に起因する症状は含まない。

（1）その人自身の言葉（例：悲しみ、空虚感、または絶望を感じるか）か、他者の観察（例：涙を流しているように見える）によって示される、ほとんど1日中、ほとんど毎日の抑うつ気分。

注：子どもや成年では易怒的な気分もありうる。

（2）ほとんど1日中、ほとんど毎日の、全て、またはほとんど全ての活動における興味または喜びの著しい減退（その人の説明、または他者の観察によって示される）。

（3）食事療法をしていないのに、有意の体重減少、または体重増加（例：1ヵ月で体重の5％以上の変化）、またはほとんど毎日の食欲の減退または増加

（4）ほとんど毎日の不眠または過眠

（5）ほとんど毎日の精神運動焦燥または制止[①]（他者によって観察可能で、ただ単に落ち着きがないとか、のろくなったという主観的感覚ではないもの）

（6）ほとんど毎日の疲労感、または気力の減退

（7）ほとんど毎日の無価値観、または過剰であるか不適切な罪責感(妄想的であることもある。単に自分をとがめること、または病気になったことに対する罪悪感ではない)

（8）思考力や集中力の減退、または決断困難がほとんど毎日認

められる（その人自身の言明による、または他者によって観察される）

(9) 死についての反復思考（死の恐怖だけではない）。特別な計画はないが反復的な自殺念慮、または自殺企図[2]、または自殺するためのはっきりとした計画

B. その症状は、臨床的に意味のある苦痛、または社会的、職業的、または他の重要な領域における機能の障害を引き起こしている。

C. そのエピソードは物質の生理学的作用、または他の医学的疾患によるものではない。

注：基準A〜Cにより抑うつエピソードが構成される。

注：重大な喪失（例：親しい者との死別、経済的破綻、災害による損失、重篤な医学的疾患・障害）への反応は、基準Aに記載したような強い悲しみ、喪失の反芻、不眠、食欲不振、体重減少を含むことがあり、抑うつエピソードに類似している場合がある。これらの症状は、喪失に際し生じることは理解可能で、適切なものであるかもしれないが、重大な喪失に対する正常な反応に加えて、抑うつエピソードの存在も入念に検討すべきである。その決定には、喪失についてどのような苦痛を表現するかという点に関して、各個人の生活や文化的規範に基づいて臨床的な判断を実行することが不可欠である[1]。

D. 抑うつエピソードは、統合失調感情障害[3]、統合失調症、統合失調症様障害[4]、妄想性障害[5]、または他の特定および特定不能の統合失調症スペクトラム障害および他の精神病性障害群によってはうまく説明されない。

E. 躁病エピソード、または躁病エピソードが存在したことがない。

注：躁病様または軽躁病様のエピソードのすべてが物質誘発性のものである場合、または他の医学的疾患の生理学的作用に起

第 15 章　カウンセリングで対象となる代表的精神疾患

因するものである場合は、この除外は適用されない。

1　悲嘆を抑うつエピソードから鑑別する際には、悲嘆では主要な感情が空虚感と喪失感であるのに対して、抑うつエピソードでは、持続的な抑うつ気分、および幸福や喜びを期待する能力の喪失であることを考慮することが有用である。悲嘆における不快気分は、数日〜数週間にわたる経過の中で弱まりながらも、いわゆる"悲嘆の苦痛"（pangs of grief）として、波のように繰り返し生じる傾向がある。その悲嘆の波は、故人についての考えまたは故人を思い出させるものと関連する傾向がある。抑うつエピソードにおける抑うつ気分はより持続的であり、特定の考えや関心事に結び付いていない。悲嘆による苦痛には肯定的な情動やユーモアが伴っていることもあるが、それは、抑うつエピソードに特徴的である広範な不幸やみじめさには普通はみられない特徴である。悲嘆に関連する思考内容は、一般的には、故人についての考えや思い出への没頭を特徴としており、抑うつエピソードにおける自己批判的または悲観的な反復想起とは異なる。悲嘆では自己評価は比較的保たれているのに対して、抑うつエピソードでは無価値観と自己嫌悪が一般的である。悲嘆において自己批判的な思考が存在する場合、それは典型的には故人ときちんと向き合ってこなかったという思いを伴っている（例：頻繁に会いに行かなかった、どれほど愛していたかを伝えなかった）。残された者が死や死ぬことについて考える場合、一般的には故人に焦点が当てられ、故人と"結び付く"ことに関する考えであり、一方、抑うつエピソードにおける死についての考えは、無価値観や生きるに値しないという考えのため、または抑うつの苦痛に耐えきれないために、自分の命を終わらせることに焦点があてられている。

以上のうつ病／大うつ病性障害の診断基準の内、①〜⑤を簡単に説明すると以下の通りです。

①精神運動焦燥または制止

　焦りや不安が生じることを精神運動性の焦燥と呼びます。また、今までにできていたこと（仕事や趣味など）ができなくなることは、精神運動性の制止と呼びます。精神運動性の制止が、焦燥感を引き起こすこともあります。

②自殺企図

　実際に自殺をする計画を立てることを指します。具体的な道具などを準

備することがなくても、自殺を企てる（計画する）ことが自殺企図です。
③統合失調感情障害
　統合失調症の症状と同時に、抑うつエピソードや躁病エピソードの症状を併存している場合、統合失調感情障害と呼ばれます。
④統合失調症様障害
　統合失調症と同様の症状を呈する場合を指しますが、特に1～6カ月の持続期間である場合に、統合失調症様障害と呼ばれます。なお、症状が1日以上持続し1カ月未満で寛解する場合は短期精神病性障害、症状が6カ月以上持続する場合は、統合失調症の診断がつけられます。
⑤妄想性障害
　統合失調症スペクトラム障害および他の精神病性障害群に分類されます。1カ月間、1つ（またはそれ以上）の妄想が存在している状態を指しますが、統合失調症の基準Aは満たさないという特徴があります。妄想や妄想に関する問題を除けば、他の機能は著しく障害されておらず、行動は目立って奇異であったり、奇妙ではないということも特徴です。妄想性障害は、被愛型・誇大型・嫉妬型・被害型・身体型・混合型・特定不能型に分類されます。それぞれの特徴は以下の通りです。

　　被愛型　妄想の中心主題が、ある人物が自分に恋愛感情を持っているという場合に適用される

　　誇大型　妄想の中心主題が、卓越した（しかし実際には認められない）才能または見識をもっているという確信、または重大な発見をしたという確信である場合に適用される

　　被害型　妄想の中心主題が、陰謀を企てられている、だまされている、見張られている、つけられている、毒や薬を盛られている、不当に中傷されている、嫌がらせを受けている、長期目標の遂行を邪魔されるといった確信である場合に適用される

　　身体型　妄想の中心主題が、身体機能または感覚にかかわる場合に適用

される
混合型　複数の妄想の主題の内、いずれも優勢でない場合に適用される
特定不能型　支配的な妄想的確信がはっきりと決定できない場合やある特定の型にならない場合（例：際立った被害的もしくは誇大的な要素のない関係妄想）に適用される

(3) 不安症群／不安障害群

　このカテゴリーには、共通して過剰な恐怖や不安、またそれらに関連し行動が抑制されてしまうなどといった特徴を持つ障害がまとめられています。ここでは、社交不安症／社交不安障害（社交恐怖）、パニック症／パニック障害、広場恐怖症、全般不安症／全般性不安障害の診断基準を紹介します。

社交不安症／社会不安障害（社交恐怖）Social Anxiety Disorder (Social Phobia)

A. 他者の注視を浴びる可能性のある1つ以上の社交場面に対する、著しい恐怖または不安。例として、社交的なやりとり（例：雑談すること、よく知らない人に会うこと）、見られること（例：食べたり飲んだりすること）、他者の前でなんらかの動作をすること（例：談話をすること）が含まれる。

　注：子どもの場合、その不安は成人との交流だけでなく、仲間達との状況でも起きるものでなければならない。

B. その人は、ある振る舞いをするか、または不安症状を見せることが、否定的な評価を受けることになると恐れている（すなわち、恥をかいたり恥ずかしい思いをするだろう、拒絶されたり、他者の迷惑になるだろう）。

C. その社交的状況はほとんど常に恐怖または不安を誘発する。
　　注：子どもの場合、泣く、かんしゃく、凍りつく、まといつく、縮みあがる、または、社交的状況で話せないという形で、その恐怖または不安が表現されることがある。
D. その社交的状況は回避され、または、強い恐怖または不安を感じながら耐え忍ばれる。
E. その恐怖または不安は、その社交的状況がもたらす現実の危機や、その社会文化的背景に釣り合わない。
F. その恐怖、不安、または回避は持続的であり、典型的には6カ月以上続く。
G. その恐怖、不安、または回避は、臨床的に意味のある苦痛、または社会的、職業的、または他の重要な領域における機能の障害を引き起こしている。
H. その恐怖、不安、または回避は、物質（例：薬物乱用、医薬品）または他の医学的疾患の生理学的作用によるものではない。
I. その恐怖、不安、または回避は、パニック症、醜形恐怖症[1]、自閉スペクトラム症といった他の精神疾患の症状では、うまく説明されない。
J. 他の医学的疾患（例：パーキンソン病、肥満、熱傷や負傷による醜形）が存在している場合、その恐怖、不安、または回避は、明らかに医学的疾患とは無関係または過剰である。

パニック症／パニック障害 Panic Disorder

A. 繰り返される予期しないパニック発作。パニック発作とは、突然、激しい恐怖または強烈な不快感の高まりが数分以内でピークに達し、その時間内に、以下の症状のうち4つ（またはそれ以上）が起こる。

注：突然の高まりは、平穏状態、または不安状態から起こりうる。
（1）動悸、心悸亢進、または心拍数の増加
（2）発汗
（3）身震いまたは震え
（4）息切れ感または息苦しさ
（5）窒息感
（6）胸痛または胸部の不快感
（7）嘔気または腹部の不快感
（8）めまい感、ふらつく感じ、頭が軽くなる感じ、または気の遠くなる感じ
（9）寒気または熱感
（10）異常感覚（感覚麻痺またはうずき感）
（11）現実感喪失（現実ではない感じ）または離人感（自分自身から離脱している）
（12）抑制力を失うまたは"どうかなってしまう"ことに対する恐怖
（13）死ぬことに対する恐怖
注：文化特有の症状（例：耳鳴り、首の痛み、頭痛、抑制力を失っての叫びまたは号泣）がみられることもある。この症状は、必要な4つの症状の1つと数え上げるべきではない。

B. 発作のうち少なくとも1つは、以下に述べる1つまたは両者が1カ月（またはそれ以上）続いている。
（1）さらなるパニック発作またはその結果について持続的な懸念または心配（例：抑制力を失う、心臓発作が起こる"どうにかなってしまう"）
（2）発作に関連した行動の意味のある不適応的変化（例：運動や不慣れな状況を回避するといった、パニック発作を避け

るような行動)
C. その障害は、物質の生理学的作用(例：乱用薬物、医薬品)、または他の医学的疾患(例：甲状腺機能亢進症、心肺疾患)によるものではない。
D. その障害は、他の精神疾患によってうまく説明されない(例：パニック発作が生じる状況は、社交不安症の場合のように、恐怖する社交的状況に反応して生じたものではない；限局性恐怖症のように、限定された恐怖対象または状況に反応して生じたものではない；強迫症のように強迫観念に反応して生じたものではない；心的外傷後ストレス障害のように、外傷的出来事を想起させるものに反応して生じたものではない；または分離不安症[2]のように、愛着対象からの分離に反応して生じたものではない)

広場恐怖症 Agoraphobia
A. 以下の5つの状況のうち2つ(またはそれ以上)について著明な恐怖または不安がある。
　　(1) 公共交通機関の利用(例：自動車、バス、列車、船、航空機)
　　(2) 広い場所にいること(例：駐車場、市場、橋)
　　(3) 囲まれた場所にいること(例：店、劇場、映画館)
　　(4) 列に並ぶまたは群衆の中にいること
　　(5) 家の外に1人でいること
B. パニック様の症状や、その他耐えられない、または当惑するような症状(例：高齢者の転倒の恐れ、失禁の恐れ)が起きた時に、脱出は困難で、援助が得られないかもしれないと考え、これらの状況を恐怖し、回避する。
C. 広場恐怖症の状況は、ほとんどいつも恐怖や不安を誘発する。
D. 広場恐怖症の状況は、積極的に避けられ、仲間の存在を必要とし、

強い恐怖または不安を伴って耐えられている。
E．その恐怖または不安は、広場恐怖症の状況によってもたらされる現実的な危険やその社会文化的背景に釣り合わない。
F．その恐怖、不安、または回避は持続的で、典型的には6カ月以上続く。
G．その恐怖、不安、または回避は、臨床的に意味のある苦痛、または社会的、職業的、または他の重要な領域における機能の障害を引き起こす。
H．他の医学的疾患（例：炎症性腸疾患、パーキンソン病）が存在すれば、恐怖、不安、または回避が明らかに過剰である。
I．その恐怖、不安、または回避は、他の精神疾患の症状ではうまく説明できない―例えば、症状は、「限局性恐怖症、状況」に限定されない、（社交不安症の場合のように）社交的状況のみに関連するものではない、（強迫症の場合のように）強迫観念、（醜形恐怖症のように）想像上の身体的外見の欠陥や欠点、（心的外傷後ストレス障害の場合のように）外傷的な出来事を想起させるもの、（分離不安症の場合のように）分離の恐怖、だけに関連するものではない。

注：広場恐怖症はパニック症の存在とは関係なく診断される。その人の症状提示が、パニック症と広場恐怖症の基準を満たしたならば、両方の診断が選択されるべきである。

全般性不安症／全般性不安障害 Generalized Anxiety Disorder
A．（仕事や学業などの）多数の出来事または活動についての過剰な不安と心配（予期憂慮[3]）が、起こる日の方が起こらない日より多い状態が、少なくとも6カ月間にわたる。
B．その人は、その心配を抑制することが難しいと感じている。

C. その不安および心配は、以下の6つの症状のうち3つ（またはそれ以上）を伴っている（過去6ヵ月間、少なくとも数個の症状が、起こる日のほうが起こらない日より多い）。
注：子どもの場合は1項目だけが必要
（1）落ち着きのなさ、緊張感、または神経の高ぶり
（2）疲労しやすいこと
（3）集中困難、または心が空白になること
（4）易怒性
（5）筋肉の緊張
（6）睡眠障害（入眠または睡眠維持の困難、または、落ち着かず熟眠のない睡眠）

D. その不安、心配、または身体症状が、臨床的に意味のある苦痛、または社会的、職業的、または他の重要な領域における機能の障害を引き起こしている。

E. その障害は、物質（例：乱用薬物、医薬品）または他の医学的疾患（例：甲状腺機能亢進症）の生理学的な作用によるものではない。

F. その障害は他の精神疾患ではうまく説明できない〔例：パニック症におけるパニック発作が起こることの不安または心配、社交不安症（社交恐怖）における否定的評価、強迫症における汚染または、他の強迫観念、分離不安症における愛着の対象からの分離、心的外傷後ストレス障害における外傷的出来事を思い出させるもの、神経性やせ症における体重が増加すること、身体症状症における身体的訴え、醜形恐怖症における想像上の外見上の欠点の知覚、病気不安症における深刻な病気を持つこと、または、統合失調症または妄想性障害における妄想的信念の内容、に関する不安または心配〕。

以上、不安症群／不安障害群に分類されるものの内、①～③を簡単に説明すると以下の通りです。

① 醜形恐怖症

強迫症および関連症群／強迫性障害および関連障害群に分類されます。身体上の外見の欠陥や欠点にとらわれている状態を指します。また、その状態は、他人からみると、認識できない場合や些細なものにみえることもあります。たとえば、外見上の心配に反応して、繰り返し鏡を確認することや他者の見た目と自分とを過剰に比較することなどが特徴です。そして、こうした特徴により社会的生活が阻害されている場合にこの診断がつけられます。したがって、普段「ちょっと気になるな」という程度とは異なり、過剰な心配ともいえます。

② 分離不安症

不安症群／不安障害群に分類されます。愛着を持っている人物（養育者など）からの分離に関する、発達的に不適切で、過剰な恐怖または不安を有することが特徴です。発達的に不適切とは、ある発達段階ではみせることがない愛着行動が出現しているなどといったことを指します。たとえば、養育者から離れて学校や仕事、またはその他の場所へでかけることができる年齢になっていても、養育者と分離することが怖く、でかけることができないなどといった特徴があります。

③ 予期憂慮

予期される心配や不安を指します。たとえば、一度、自分にとって好ましくない体験をすると、その過去経験から、「また、こうなるんじゃないか」と憂慮することです。たとえば、ある場所で恐怖体験をした結果、「また怖い体験をするんじゃないか」と予期し、その場所へ行くことができなくなってしまうなどといった例は、予期憂慮によって行動が抑制されている例です。

> **コラム　神経症と心身症**
>
> 　前述の通り、神経症も心身症も心因性の障害です。神経症は、医師カレンによって、1777年に初めて使用された用語であるとされています。その後、19世紀後半から20世紀初頭にかけて行われたヒステリーの研究を通して、神経症は、「心因によって生じる可逆的な障害」とまとめられました。しかしながら、現代に至るまで、神経症の概念は多様に変化し、明確に定義づけることは難しいといえます。神経症の特徴をまとめると、"心因性の障害"、"身体の器質的変化は認められず身体的な原因はない"、"病識（病気であることの認識）がある"、"不安を含有し症状にとらわれている"などが挙げられます。また、精神障害の診断基準であるDSMでは、DSM－Ⅲ（1980）以降、神経症のカテゴリーはDSMから除外されています。
>
> 　一方、心身症は、日本心身医学会（1991）が「身体疾患の中で、その発症や経過に心理社会的因子が密接に関与し、器質的ないし機能的障害が認められる病態をいう。ただし神経症やうつ病など、他の精神障害に伴う身体症状は除外する」と定義づけています。心理的要因により、器質的ないし機能的障害が生じる状態が心身症です。なお、器質的障害の例としては、消化性潰瘍や潰瘍性大腸炎、機能的障害の例としては、片頭痛や過敏性腸症候群などが挙げられます。

（4）強迫症および関連症群／強迫性障害および関連障害群

　このカテゴリーには、強迫観念や強迫行為という特徴が存在する障害がまとめられています。強迫観念は繰り返し生じ持続する思考、衝動、イメージを指します。また、これらの観念はコントロールすることが難しく、侵入的で望ましくないものとして体験されます。一方、強迫行為は、繰り返

される行動または心中の行為を指します。強迫観念は強迫行為と関係し、強迫観念によってそれにしたがう強迫行為が生じると考えられます。

ここでは、強迫症／強迫性障害、ためこみ症の診断基準を紹介します。

> **強迫症／強迫性障害 Obsessive-Compulsive Disorder**
>
> A．強迫観念、強迫行為、またはその両方の存在
>
> 強迫観念は以下の（1）と（2）によって定義される：
>
> （1）繰り返される持続的な思考、衝動、またはイメージで、それは障害中の一時期には侵入的で不適切なものとして体験されており、たいていの人においてそれは強い不安や苦痛の原因となる。
>
> （2）その人はその思考、衝動、またはイメージを無視したり抑え込もうとしたり、または何か他の思考や行動（例：強迫行為を行うなど）によって中和しようと試みる。
>
> 強迫行為は以下の（1）と（2）によって定義される：
>
> （1）繰り返しの行動（例：手を洗う、順番に並べる、確認する）または心の中の行為（例：祈る、数える、声を出さずに言葉を繰り返す）であり、その人は強迫観念に対応して、または厳密に適用しなくてはいけないある決まりに従ってそれらの行為を行うよう駆り立てられているように感じている。
>
> （2）その行動または心の中の行為は、不安または苦痛を避けるかまたは緩和すること、または何か恐ろしい出来事や状況を避けることを目的としている。しかしその行動または心の中の行為は、それによって中和したり予防したりしようとしていることとは現実的な意味ではつながりを持たず、または明らかに過剰である。

注：幼い子どもはこれらの行動や心の中の行為の目的をはっきり述べることができないかもしれない。

B．強迫観念または強迫行為は時間を浪費させる（1日1時間以上かける）、または臨床的に意味のある苦痛、または社会的、職業的、または他の重要な領域における機能の障害を引き起こしている。

C．その障害は物質（例：乱用薬物、医薬品）または他の医学的疾患の直接的な生理学的作用によるものではない。

D．その障害は他の精神疾患の症状ではうまく説明できない（例：全般不安症における過剰な心配、醜形恐怖症における容貌へのこだわり、ためこみ症における所有物を捨てたり手放したりすることの困難さ、抜毛症[①]における抜毛、皮膚むしり症における皮膚むしり、常同運動症における常同症[②]、摂食障害における習慣的な食行動、物質関連障害および嗜癖性障害群における物質やギャンブルへの没頭、病気不安症[③]における疾病を持つことへのこだわり、パラフィリア障害群[④]における性的衝動や性的空想、秩序破壊的・衝動抑制・素行症群[⑤]における衝動、うつ病における罪悪感の反芻、統合失調症スペクトラム障害および他の精神病性障害群における思考吹入（しこうすいにゅう）や妄想的なこだわり、自閉スペクトラム症における反復的な行動様式）。

ためこみ症 Hoarding Disorder

A．実際の価値とは関係なく、所有物を捨てること、または手放すことが持続的に困難である。

B．所有物を捨てることの困難さは、品物を保存したいと思われる要求やそれらを捨てることに関連した苦痛によるものである。

C．品物を捨てることについての困難さは、活動ができる生活空間が物で一杯になり、取り散らかり、実質的に本来意図された部屋の

使用が危険にさらされることになる。もし生活空間が取り散らかっていなければ、それはただ単に第三者による介入があったためである（例：家庭や清掃業者、公的機関）。
D．ためこみは、臨床的に意味のある苦痛、または社会的、職業的、または他の重要な分野における機能の障害（自己や他者にとって安全な環境を維持するということも含めて）を引き起こしている。
E．ためこみは他の医学的疾患に起因するものではない（例：脳の損傷、脳血管疾患、プラダーウィリー症候群）。
F．ためこみは、他の精神疾患の症状によってうまく説明できない（例：強迫症の強迫観念、うつ病によるエネルギーの低下、統合失調症や他の精神病性障害による妄想、認知症における認知機能障害、自閉スペクトラム症における限定的興味）。

以上、強迫症および関連症群／強迫性障害および関連障害群に分類されるものの内、①〜⑤を簡単に説明すると以下の通りです。

①抜毛症

強迫症および関連症群／強迫性障害および関連障害群に分類されます。繰り返し体毛を抜き、その結果体毛を喪失するという特徴があります。体毛を抜くことを減らす、またはやめようと繰り返し試みることもあります。体毛を抜くことで、苦痛や社会的生活が障害される場合など抜毛症の診断がつけられます。

②常同運動症／常同運動障害

神経発達症群／神経発達障害群に分類されます。反復して駆り立てられるように見え、かつ外見上無目的な運動行動（例：手を震わせるまたは手を振って合図する、身体を揺らす、頭を打ちつける、自分の身体を嚙む、自分の身体を叩く）が特徴です。反復性の運動（常同運動）によって、社会的、学業的、または他の活動が障害されることや、自傷を起こすこともありま

す。
③病気不安症
　身体症状症および関連障害群に分類されます。重い病気である、または病気にかかりつつあるというとらわれが特徴です。しかし、身体的な症状は存在せず、存在したとしてもごく軽度で、健康に対する強い不安が存在し、健康状態には容易に恐怖を感じるといった特徴があります。
④パラフィリア障害群
　のぞきや露出、小児愛などの特徴がまとめられているカテゴリーです。ここでは、異常な行動の嗜好性に基づく障害や求愛障害、痛みや苦痛を伴う苦痛性愛障害、異常な性的対象の嗜好性などといった、特に性的趣向に関する障害がまとめられているカテゴリーです。
⑤秩序破壊的・衝動抑制・素行症群
　攻撃性や所有物の破壊、反抗や挑発爆発性などが特徴となる障害がまとめられたカテゴリーです。ここでは、反抗挑発症／反抗挑発性障害（怒りっぽく、易怒的で口論好き、執念深さが特徴）や間欠爆発症／間欠性爆発性障害（言語面での攻撃性などが特徴）、素行症／素行障害（人および動物に対する攻撃性や窃盗などが特徴）、放火症（2回以上の意図的で目的を持った放火や放火行為の前の緊張感や感情的興奮、火災やそれに伴う状況に魅了されるなどが特徴）、窃盗症（個人用に用いるためでもなく、その金銭的価値のためでもなく、ものを盗もうとする衝動に抵抗できなくなること、窃盗に及ぶ直前の緊張感や窃盗に及ぶ時の快感や満足感などが特徴）などが分類されます。

（5）心的外傷およびストレス因関連障害群

　このカテゴリーには、心的外傷またはストレスとなるような、強度の強い出来事への暴露が原因となる障害がまとめられています。心的外傷また

はストレスとなるような、強度の強い出来事は、非常に多様です。また、こうした問題を抱える人々は、不安または恐怖に基づく症状というよりも、最も顕著な臨床的特徴が快感消失や不機嫌症状、外に表出される怒りと攻撃的症状、または解離症状などといった表現型を示します。

ここでは、心的外傷後ストレス障害、急性ストレス障害、適応障害の診断基準を紹介します。

心的外傷後ストレス障害 Posttraumatic Stress Disorder
　　注：以下の基準は成人、青年、6歳を超える子どもについて適用する。6歳以下の子どもについては後述の基準を参照すること。
A．実際にまたは危うく死ぬ、重傷を負う、性的暴力を受ける出来事への、以下のいずれか1つ（またはそれ以上）の形による曝露：
（1）心的外傷的出来事を直接体験する。
（2）他人に起こった出来事を直に目撃する。
（3）近親者または親しい友人に起こった心的外傷的出来事を耳にする。家族または友人が実際に死んだ出来事または危うく死にそうになった出来事の場合、それは暴力的なものまたは偶発的なものでなくてはならない。
（4）心的外傷的出来事の強い不快感をいだく細部に、繰り返しまたは極端に曝露される体験をする（例：遺体を収集する緊急対応要員、児童虐待の詳細に繰り返し曝露される警官）。
　　注：基準A4は、仕事に関連するものでない限り、電子媒体、テレビ、映像、または写真による曝露には適用されない。
B．心的外傷的出来事の後に始まる、その心的外傷的出来事に関連した、以下のいずれか1つ（またはそれ以上）の侵入症状の存在：
（1）心的外傷的出来事の反復的、不随意的、および侵入的で苦

痛な記憶

注：6歳を超える子どもの場合、心的外傷的出来事の主題または側面が表現された遊びを繰り返すことがある。

（2）夢の内容と情動またはそのいずれかが心的外傷的出来事に関連している、反復的で苦痛な夢

注：子どもの場合、内容のはっきりしない恐ろしい夢のことがある。

（3）心的外傷的出来事が再び起こっているように感じる、またはそのように行動する解離症状（例：フラッシュバック[①]）（このような反応は1つの連続体として生じ、非常に極端な場合は現実の状況への認識を完全に喪失するという形で現れる）。

注：子どもの場合、心的外傷に特異的な再演が遊びの中で起こることがある。

（4）心的外傷的出来事の側面を象徴するまたはそれに類似する、内的または外的なきっかけに曝露された際の強烈なまたは遷延する心理的苦痛

（5）心的外傷的出来事の側面を象徴するまたはそれに類似する、内的または外的なきっかけに対する顕著な生理学的反応

C．心的外傷的出来事に関連する刺激の持続的回避。心的外傷的出来事の後に始まり、以下のいずれか1つまたは両方で示される。

（1）心的外傷的出来事についての、または密接に関連する苦痛な記憶、思考、または感情の回避、または回避しようとする努力

（2）心的外傷的出来事についての、または密接に関連する苦痛な記憶、思考、または感情を呼び起こすことに結びつくもの（人、場所、会話、行動、物、状況）の回避、または回避

しようとする努力
D. 心的外傷的出来事に関連した認知と気分の陰性の変化。心的外傷的出来事の後に発現または悪化し、以下のいずれか2つ（またはそれ以上）で示される。
  （1）心的外傷的出来事の重要な側面の想起不能（通常は解離性健忘によるものであり、頭部外傷やアルコール、または薬物など他の要因によるものではない）
  （2）自分自身や他者、世界に対する持続的で過剰に否定的な信念や予想（例：「私が悪い」、「誰も信用できない」、「世界は徹底的に危険だ」、「私の全神経系は永久に破壊された」）
  （3）自分自身や他者への非難につながる、心的外傷的出来事の原因や結果についての持続的でゆがんだ認識
  （4）持続的な陰性の感情状態（例：恐怖、戦慄、怒り、罪悪感、または恥）
  （5）重要な活動への関心または参加の著しい減退
  （6）他者から孤立している、または疎遠になっている感覚
  （7）陽性の情動を体験することが持続的にできないこと（例：幸福や満足、愛情を感じることができないこと）
E. 心的外傷的出来事と関連した、覚醒度と反応性の著しい変化。心的外傷的出来事の後に発現または悪化し、以下のいずれか2つ（またはそれ以上）で示される。
  （1）人や物に対する言語的または肉体的な攻撃性で通常示される、（ほとんど挑発なしでの）いらだたしさと激しい怒り
  （2）無謀なまたは自己破壊的な行動
  （3）過度の警戒心
  （4）過剰な驚愕反応
  （5）集中困難

（6）睡眠障害（例：入眠や睡眠維持の困難、または浅い眠り）
F．障害（B、C、DおよびE）の持続が1カ月以上
G．その障害は、臨床的に意味のある苦痛、または社会的、職業的、または他の重要な領域における機能の障害を引き起こしている。
H．その障害は、物質（例：医薬品またはアルコール）または他の医学的疾患の生理学的作用によるものではない。

6歳以下の子どもの心的外傷後ストレス障害

A．6歳以下の子どもにおける、実際にまたは危うく死ぬ、重傷を負う、性的暴力を受ける出来事への、以下のいずれか1つ（またはそれ以上）の形による曝露：
　（1）心的外傷的出来事を直接体験する。
　（2）他人、特に主な養育者に起こった出来事を直に目撃する。
　　注：電子媒体、テレビ、映像、または写真のみで見た出来事は目撃に含めない。
　（3）親または養育者に起こった心的外傷的出来事を耳にする。
B．心的外傷的出来事の後に始まる、その心的外傷的出来事に関連した、以下のいずれか1つ（またはそれ以上）の侵入症状の存在：
　（1）心的外傷的出来事の反復的、不随意的、および侵入的で苦痛な記憶
　　注：自動的で侵入的な記憶は必ずしも苦痛として現れるわけではなく、再演する遊びとして表現されることがある。
　（2）夢の内容と情動またはそのいずれかが心的外傷的出来事に関連している、反復的で苦痛な夢
　　注：恐ろしい内容が心的外傷的出来事に関連していることを確認できないことがある。
　（3）心的外傷的出来事が再び起こっているように感じる、また

はそのように行動する解離症状（例：フラッシュバック[①]）（このような反応は1つの連続体として生じ、非常に極端な場合は現実の状況への認識を完全に喪失するという形で現れる）。このような心的外傷に特異的な再演が遊びの中で起こることがある。

（4）心的外傷的出来事の側面を象徴するまたはそれに類似する、内的または外的なきっかけに曝露された際の強烈なまたは遷延する心理的苦痛

（5）心的外傷的出来事を想起させるものへの顕著な生理学的反応

C．心的外傷的出来事に関連する刺激の持続的回避、または心的外傷的出来事に関連した認知と気分の陰性の変化で示される、以下の症状のいずれか1つ（またはそれ以上）が存在する必要があり、それは心的外傷的出来事の後に発現または悪化している。

〈刺激の持続的回避〉

（1）心的外傷的出来事の記憶を喚起する行為、場所、身体的に思い出させるものの回避、または回避しようとする努力

（2）心的外傷的出来事の記憶を喚起する人や会話、対人関係の回避、または回避しようとする努力

〈認知の陰性変化〉

（3）陰性の情動状態（例：恐怖、罪悪感、悲しみ、恥、混乱）の大幅な増加

（4）遊びの抑制を含め、重要な活動への関心または参加の著しい減退

（5）社会的な引きこもり行動

（6）陽性の情動を表出することの持続的減少

D．心的外傷的出来事と関連した覚醒度と反応性の著しい変化。心的

外傷的出来事の後に発現または悪化しており、以下のうち2つ（またはそれ以上）によって示される。
   （1）人や物に対する（極端なかんしゃくを含む）言語的または肉体的な攻撃性で通常示される、（ほとんど挑発なしでの）いらだたしさと激しい怒り
   （2）過度の警戒心
   （3）過剰な驚愕反応
   （4）集中困難
   （5）睡眠障害（例：入眠や睡眠維持の困難、または浅い眠り）
E．障害の持続が1カ月以上
F．その障害は臨床的に意味のある苦痛、または両親や同胞、仲間、他の養育者との関係や学校活動における機能の障害を引き起こしている。
G．その障害は、物質（例：医薬品またはアルコール）または他の医学的疾患の生理学的作用によるものではない。

急性ストレス障害 Acute Stress Disorder

A．実際にまたは危うく死ぬ、重傷を負う、性的暴力を受ける出来事への、以下のいずれか1つ（またはそれ以上）の形による曝露
   （1）心的外傷的出来事を直接体験する。
   （2）他人に起こった出来事を直に目撃する。
   （3）近親者または親しい友人に起こった出来事を耳にする。
    注：家族または友人が実際に死んだ出来事または危うく死にそうになった出来事の場合、それは暴力的なものまたは偶発的なものでなくてはならない。
   （4）心的外傷的出来事の強い不快感をいだく細部に、繰り返しまたは極端に曝露される体験をする（例：遺体を収集する

緊急対応要員、児童虐待の詳細に繰り返し曝露される警官)。
　注：仕事に関連するものでない限り、電子媒体、テレビ、映像、または写真による曝露には適用されない。
B．心的外傷的出来事の後に発現または悪化している。侵入症状、陰性気分、解離症状、回避症状、覚醒症状の5領域のいずれかの、以下の症状のうち9つ（またはそれ以上）の存在。
〈侵入症状〉
（1）心的外傷的出来事の反復的、不随意的、および侵入的で苦痛な記憶
　注：子どもの場合、心的外傷的出来事の主題または側面が表現された遊びを繰り返すことがある。
（2）夢の内容と情動またはそのいずれかが心的外傷的出来事に関連している、反復的で苦痛な夢
　注：子どもの場合、内容のはっきりしない恐ろしい夢のことがある。
（3）心的外傷的出来事が再び起こっているように感じる、またはそのように行動する解離症状（例：フラッシュバック[1]）（このような反応は1つの連続体として生じ、非常に極端な場合は現実の状況への認識を完全に喪失するという形で現れる）。
　注：子どもの場合、心的外傷に特異的な再演が遊びの中で起こることがある。
（4）心的外傷的出来事の側面を象徴またはそれに類似する、内的または外的なきっかけに反応して起こる、強烈なまたは遷延する心理的苦痛または顕著な生理的反応
〈陰性気分〉
（5）陽性の情動を体験することの持続的な不能（例：幸福、満足、

　　　　または愛情を感じることができない）

　〈解離症状〉

（6）周囲または自分自身の現実が変容した感覚（例：他者の視点から自分を見ている、ぼーっとしている、時間の流れが遅い）

（7）心的外傷的出来事の重要な側面の想起不能（通常は解離性健忘によるものであり、外部外傷やアルコール、または薬物など他の要因によるものではない）

　〈回避症状〉

（8）心的外傷的出来事についての、または密接に関連する苦痛な記憶、思考、または感情を回避しようとする努力

（9）心的外傷的出来事についての、または密接に関連する苦痛な記憶、思考、または感情を呼び起こすことに結びつくもの（人、場所、会話、行動、物、状況）を回避しようとする努力

　〈覚醒症状〉

（10）睡眠障害（例：入眠や睡眠維持の困難、または浅い眠り）

（11）人や物に対する言語的または肉体的な攻撃性で通常示される。（ほとんど挑発なしでの）いらだたしさと激しい怒り

（12）過度の警戒心

（13）集中困難

（14）過度の驚愕反応

C．障害（基準Bの症状）の持続は心的外傷への曝露後に3日～1カ月

　注：心的外傷後すぐ症状が出現するが、診断基準を満たすには持続が最短でも3日、および最長でも1カ月の必要がある。

D．その障害は、臨床的に意味のある苦痛、または社会的、職業的、

または他の重要な領域における機能の障害を引き起こしている。
E．その障害は、物質（例：医薬品またはアルコール）または他の医学的疾患（例：軽度外傷性脳損傷）の生理学的作用によるものではなく、短期精神病性障害ではうまく説明されない。

適応障害 Adjustment Disorder
A．はっきりと確認できるストレス因に反応して、そのストレス因の始まりから3カ月以内に情動面または行動面の症状が出現。
B．これらの症状や行動は臨床的に意味のあるもので、それは以下のうち1つまたは両方の証拠がある。
　（1）症状の重症度や表現型に影響を与えうる外的文脈や文化的要因を考慮に入れても、そのストレス因に不釣り合いな程度や強度を持つ著しい苦痛
　（2）社会的、職業的、または他の重要な領域における機能の重大な障害
C．そのストレス関連障害は他の精神疾患の基準を満たしていないし、すでに存在している精神疾患の単なる悪化でもない。
D．その症状は正常の死別反応を示すものではない。
E．そのストレス因、またはその結果がひとたび終結すると、症状がその後さらに6カ月以上持続することはない。

　以上の内、①フラッシュバックとは、心的外傷的な体験を再体験することを指します。したがって、フラッシュバックによりパニックを呈する場合もあります。

(6) 食行動障害および摂食障害群

　このカテゴリーには、摂食や摂食に関連した行動に関する障害がまとめられています。たとえば、食事の後の自己誘発性嘔吐や過度の食事制限などの行動や痩せ願望や肥満恐怖などが特徴として挙げられます。一般的には、拒食症や過食症などと呼ばれます。食行動に関連する問題がまとめられるカテゴリーですが、肥満（過剰な体脂肪）は含まれません。肥満はエネルギーの消費と比較して、過剰なエネルギー摂取により生じるもので、遺伝的、生理的、行動的、そして環境要因が密接に関連するため、精神疾患とはみなされません。

　ここでは、食行動障害および摂食障害群の内、神経性やせ症／神経性無食欲症と神経性過食症／神経性大食症の診断基準を紹介します。

神経性やせ症／神経性無食欲症 Anorexia Nervosa

A．必要量と比べてカロリー摂取を制限し、年齢、性別、成長曲線、身体的健康状態に対する有意に低い体重に至る。有意に低い体重とは、正常の下限を下回る体重で、子どもまたは青年の場合には、期待される最低体重を下回る[1]と定義される。

B．有意に低い体重であるにも関わらず、体重増加または肥満になることに対する強い恐怖、または体重増加を妨げる持続した行動がある。

C．自分の体重または体型の体験の仕方における障害、自己評価に対する体重や体型の不相応な影響、または現在の低体重の深刻さに対する認識の持続的欠如。

神経性過食症／神経性大食症 Bulimia Nervosa

A．反復する過食エピソード。過食エピソードは以下の両方によって

特徴づけられる。
（1）他のはっきりと区別される時間帯に（例：任意の２時間の間の中で）、ほとんどの人が同然の状況で同様の時間内に食べる量よりも明らかに多い食物を食べる。
（2）そのエピソードの間は、食べることを抑制できないという感覚（例：食べるのをやめることができない、または食べる物の種類や量を抑制できないという感覚）。
B. 体重の増加を防ぐための反復する不適切な代償行動、例えば、自己誘発性嘔吐；緩下剤、利尿薬、その他の医薬品の乱用；絶食；過剰な運動など。
C. 過食と不適切な代償がともに平均して３カ月間にわたって少なくとも週１回は起こっている。
D. 自己評価が体型および体重の影響を過度に受けている。
E. その障害は、神経性やせ症のエピソード期間にのみ起こるものではない。

以上の内、①期待される最低体重を下回る、また有意な低体重であることは、BMI（Body Mass Index）である程度の確認ができます。以下の通りに判断をしますが、$17.0 \mathrm{kg/m^2} \sim 18.5 \mathrm{kg/m^2}$ にある場合、有意な低体重と判断されます。

- 軽度 BMI $\geqq 17.0 \mathrm{kg/m^2}$
- 中等度 BMI $16 \sim 16.99 \mathrm{kg/m^2}$
- 重度 BMI $15 \sim 15.99 \mathrm{kg/m^2}$
- 最重度 BMI $< 15 \mathrm{kg/m^2}$

また、神経性やせ症には、摂食制限型（過去３カ月の間、過食または排

出行動の反復的なエピソードがなく、主にダイエットや断食などの制限）と過食・排出型（過去3カ月の間、過食または排出行動の反復的なエピソードがある）に分類されます。神経性やせ症の過食・排出型は、一見、神経性過食症と同様のようにみえますが、期待される体重を満たしているか否かで判断します。

一方、神経性過食症は、その重症度を以下の基準によって判断します。

- 軽度 不適切な代償行動のエピソードが週に平均して1～3回
- 中等度 不適切な代償行動のエピソードが週に平均して4～7回
- 重度 不適切な代償行動のエピソードが週に平均して8～13回
- 最重度 不適切な代償行動のエピソードが週に平均して14回以上

不適切な代償行動とは、指による嘔吐（自己誘発性嘔吐）や下剤・利尿剤の乱用、その他の医薬品の乱用、絶食、過度の運動などを指します。

（7）睡眠-覚醒障害群

このカテゴリーには、睡眠に関する障害がまとめられています。たとえば、眠ることができない不眠障害や寝すぎてしまう過眠障害、コントロールすることができない眠気を伴うナルコレプシーなどがまとめられています。

ここでは、不眠障害の診断基準を紹介します。

不眠障害 Insomnia Disorder

A. 睡眠の量または質の不満に関する顕著な訴えが、以下の症状のうち1つ（またはそれ以上）を伴っている：

（1）入眠困難（子どもの場合、世話する人がいないと入眠でき

ないことで明らかになるかもしれない）
（2）頻回の覚醒、または覚醒後に再入眠できないことによって特徴づけられる、睡眠維持困難（子どもの場合、世話する人がいないと再入眠できないことで明らかになるかもしれない）
（3）早朝覚醒があり、再入眠できない。
B．その睡眠の障害は、臨床的に意味のある苦痛、または社会的、職業的、教育的、学業上、行動上、または他の重要な領域における機能の障害を引き起こしている。
C．その睡眠困難は、少なくとも1週間に3夜で起こる。
D．その睡眠困難は、少なくとも3カ月間持続する。
E．その睡眠困難は、睡眠の適切な機会があるにも関わらず起こる。
F．その不眠は、他の睡眠－覚醒障害（例：ナルコレプシー[①]、呼吸関連睡眠障害[②]、概日リズム睡眠－覚醒障害[③]、睡眠時随伴症[④]）では十分に説明されず、またはその経過中にのみ起こるものではない。
G．その不眠は、物質（例：乱用薬物、医薬品）の生理学的作用によるものではない。
H．併存する精神疾患および医学的疾患では、顕著な不眠の訴えを十分に説明できない。

以上の内、①〜④を簡単に説明すると以下の通りです。
①ナルコレプシー
　日中において場所や状況を選ばず起こる強い眠気や脱力感を伴う睡眠障害です。
②呼吸関連睡眠障害
　睡眠中に、上気道（喉頭）の閉塞を繰り返すことで生じる無呼吸や呼吸

量の低下などが原因で生じる睡眠障害を指します。

③概日リズム睡眠―覚醒障害

　何らかの原因により、体内のリズムが狂い、社会的あるいは職業的に求められる入眠の時間に寝ることができず、活動に支障が生じてしまう障害を指します。社会的あるいは職業的に求められる入眠の時間に寝ることができないとは、たとえば、朝5時起床が求められる場合に、夜12時には入眠したいものの、眠気はあったとしても寝付けないなどといったことが例として挙げられます。

④睡眠時随伴症

　レム睡眠と覚醒、ノンレム睡眠と覚醒を繰り返すことが特徴です。また、悪夢による覚醒やレム睡眠行動障害（睡眠中に発声や複雑な運動行動が生じる）、レストレスレッグス症候群（不快な下肢の感覚に伴い、脚を動かしたい強い欲求を有する）なども睡眠時随伴症に含まれます。

(8) 物質関連障害および嗜癖性障害群

　このカテゴリーには、アルコールやカフェイン、大麻や幻覚薬、タバコなど、物質の摂取による障害がまとめられています。これら物質の乱用により、摂取をコントロールすることができなくなったり、社会的に問題が生じるなどの特徴があります。

　ここでは、物質関連障害および嗜癖性障害群の内、アルコール使用障害とアルコール中毒について紹介します。

アルコール使用障害 Alcohol Use Disorder

A．アルコールの問題となる使用様式で、臨床的に意味のある障害や苦痛が生じ、以下のうち少なくとも2つが、12カ月以内に起こることにより示される。

（1）アルコールを意図していたよりもしばしば大量に、または長期間にわたって使用する。
（2）アルコールの使用を減量または制限することに対する、持続的な欲求または努力の不成功がある。
（3）アルコールを得るために必要な活動、その使用、またはその作用から回復するのに多くの時間が費やされる。
（4）渇望、つまりアルコール使用への強い欲求、または衝動
（5）アルコールの反復的な使用の結果、職場、学校、または家庭における重要な役割の責任を果たすことができなくなる。
（6）アルコールの作用により、持続的、または反復的に社会的、対人的問題が起こり、悪化しているにも関わらず、その使用を続ける。
（7）アルコールの使用のために、重大な社会的、職業的、または娯楽的活動を放棄、または縮小している
（8）身体的に危険な状況においてもアルコールの使用を反復する。
（9）身体的または精神的問題が、持続的または反復的に起こり、悪化しているらしいと知っているにも関わらず、アルコールの使用を続ける。
（10）耐性、以下のいずれかによって定義されるもの：
　（a）中毒または期待する効果に達するために、著しく増大した量のアルコールが必要
　（b）同じ量のアルコールの持続使用で効果が著しく減弱
（11）離脱、以下のいずれかによって明らかとなるもの：
　（a）特徴的なアルコール離脱症候群がある（p.492、アルコール離脱[①]の基準AおよびBを参照）。

(b) アルコール（またはベンゾジアゼピンのような密接に関連した物質）を摂取する。

アルコール中毒 Alcohol Intoxication
A. 最近のアルコール摂取。
B. 臨床的に意味のある不適応性の行動的または心理学的変化（例：不適切な性的または攻撃的行動、気分の不安定、判断能力の低下）が、アルコール摂取中または摂取後すぐに発現する。
C. 以下の徴候または症状のうち1つ（またはそれ以上）が、アルコール使用中または使用後すぐに発現する。
　（1）ろれつの回らない会話
　（2）協調運動障害[2]
　（3）不安定歩行
　（4）眼振
　（5）注意または記憶力の低下
　（6）昏迷または昏睡
D. その徴候または症状は、他の医学的疾患によるものではなく、他の物質による中毒を含む他の精神疾患ではうまく説明されない。

　以上の内、①②を簡単に説明すると以下の通りです。なお、アルコール使用障害の基準A（11）にあるp.492とは、DSM-5のページ数を指しています。

①アルコール離脱
　アルコール離脱は、大量かつ長期的に摂取していたアルコールの使用を中止（または減量）した後、数時間〜数日以内に離脱症状が生じることが基本的特徴です。離脱症状では、自律神経系過活動（例：発汗または100／分以上の脈拍数）や手指の震えの増加、不眠、嘔気または嘔吐、不安な

どさまざまです。

②協調運動障害

協調運動とは、身体の運動をまとまりよく行うことを指します。たとえば、縄跳びを飛ぶ場合、手首を使い、腕を使い、脚を使い、縄を回しながらジャンプするといった一連の運動をまとまり良く行う必要があります。協調運動障害とは、こうした一連のまとまりある運動がうまくいかない状態を指します。

(9) パーソナリティ障害群

このカテゴリーには、性格の極端な偏り（その偏りにより本人または社会が悩まされるような大きな偏り）が特徴となる障害がまとめられています。DSM-5では、パーソナリティ障害について「その人が属する社会から期待されるものから著しく偏り、広範でかつ柔軟性がなく、青年期または成人期に始まり、長期にわたり変わることなく、苦痛または障害を引き起こす内的体験および行動の持続的様式」と表現されています。これはある性格の偏りが局所的ではなくしかも変わることがない状態を指しています。ここでは、パーソナリティ障害群の内、パーソナリティ障害全般にわたる特徴・境界性パーソナリティ障害・演技性パーソナリティ障害・自己愛性パーソナリティ障害を紹介します。

パーソナリティ障害全般 General Personality Disorder

A. その人の属する文化から期待されるものより著しく偏った、内的体験および行動の持続的様式。この様式は以下のうち2つ（またはそれ以上）の領域に現れる。

　（1）認知（すなわち、自己、他者、および出来事を知覚し解釈する仕方）

(2) 感情性（すなわち、情動反応の範囲、強さ、不安定さ、および適切さ）
(3) 対人関係機能
(4) 衝動の制御

B. その持続的様式は、柔軟性がなく、個人的および社会的状況の幅広い範囲に広がっている。

C. その持続的様式は、臨床的に意味のある苦痛、または社会的、職業的、または他の重要な領域における機能の障害を引き起こしている。

D. その様式は、安定し、長時間続いており、その始まりは少なくとも青年期または成人期早期にまでさかのぼることができる。

E. その持続的様式は、他の精神疾患の現れ、またはその結果ではうまく説明されない。

F. その持続的様式は、物質（例：乱用薬物、医薬品）または他の医学的疾患（例：頭部外傷）の直接的な生理学的作用によるものではない。

境界性パーソナリティ障害 Borderline Personality Disorder

対人関係、自己像、情動などの不安定性および著しい衝動性の広範な様式で、成人期早期までに始まり、種々の状況で明らかになる。以下のうち5つ（またはそれ以上）によって示される。

(1) 現実に、または想像の中で、見捨てられることを避けようとするなりふりかまわない努力（注：基準5で取り上げられる自殺行為または自傷行為は含めないこと）

(2) 理想化とこき下ろし[①]との両極端を揺れ動くことによって特徴づけられる、不安定で激しい対人関係の様式

(3) 同一性の混乱：著明で持続的に不安定な自己像または自己

意識
（4）自己を傷つける可能性のある衝動性で、少なくとも2つの領域にわたるもの（例：浪費、性行為、物質乱用、無謀な運転、過食）（注：基準5で取り上げられる自殺行為または自傷行為は含めないこと）
（5）自殺の行動、そぶり、脅し、または自傷行為の繰り返し
（6）顕著な気分反応性による感情の不安定性（例：通常は2～3時間持続し、2～3日以上持続することはまれな、エピソード的に起こる強い不快気分、いらだたしさ、または不安）
（7）慢性的な空虚感
（8）不適切で激しい怒り、または怒りの制御の困難（例：しばしばかんしゃくを起こす、いつも怒っている、取っ組み合いの喧嘩を繰り返す）
（9）一過性のストレス関連性の妄想様観念または重篤な解離症状[2]

演技性パーソナリティ障害 Histrionic Personality Disorder

過度な情動性と人の注意を引こうとする広範な様式で、成人期早期までに始まり、種々の状況で明らかになる。以下のうち5つ（またはそれ以上）によって示される。

（1）自分が注目の的になっていない状況では楽しくない。
（2）他者との交流は、しばしば不適切なほど性的に誘惑的な、または挑発的な行動によって特徴づけられる。
（3）浅薄ですばやく変化する情動表出を示す。
（4）自分への関心を引くために身体的外見を一貫して用いる。
（5）過度に印象的だが内容がない話し方をする。
（6）自己演劇化、芝居がかった態度、誇張した情動表現を示す。

（7）被暗示的[3]（すなわち、他人または環境の影響を受けやすい）。
（8）対人関係を実際以上に親密なものと思っている。

自己愛性パーソナリティ障害 Narcissistic Personality Disorder

誇大性（空想または行動における）、賛美されたい欲求、共感の欠如の広範な様式で、成人期早期までに始まり、種々の状況で明らかになる。以下のうち5つ（またはそれ以上）によって示される。

（1）自分が重要であるという誇大な感覚（例：業績や才能を誇張する、十分な業績がないにも関わらず優れていると認められることを期待する）
（2）限りない成功、権力、才気、美しさ、あるいは理想的な愛の空想にとらわれている。
（3）自分が"特別"であり、独特であり、他の特別または地位の高い人達（または団体）だけが理解しうる、または関係があるべきだ、と信じている。
（4）過剰な賛美を求める。
（5）特別意識（つまり、特別有利な取り計らい、または自分が期待すれば相手が自動的に従うことを理由もなく期待する）
（6）対人関係で相手を不当に利用する（すなわち、自分自身の目的を達成するために他人を利用する）。
（7）共感の欠如：他人の気持ちおよび欲求を認識しようとしない、またはそれに気づこうとしない。
（8）しばしば他人に嫉妬する、または他人が自分に嫉妬していると思い込む。
（9）尊大で傲慢な行動、または態度

以上の内、①〜③を簡単に説明すると以下の通りです。

①理想化とこき下ろし

たとえば、A さんと友人関係を築く時、自身との関係を強固にするために、A さんのことを過度に持ち上げる（賞賛するなど）などしながらも、また別の友人 B さんとの関係を築く際、A さんのことをこき下ろす（悪口をいうなど）ことで、B さんとの関係を強固なものにしようとするような不安定な人間関係は理想化とこき下ろしの一例です。

②妄想様観念と解離症状

妄想に近い観念を指します。たとえば、ここでは、対人関係などに起因するストレスを感じた場合に、現実には悪口などいわれてはいない状況で、「自分は周囲の人間から悪口をいわれている」などと固く信じることなどが例として挙げられます。また、同様の状況で、自分自身が自分自身であると認識ができなくなるような状態に陥ることが解離の例です。

③被暗示的

暗示に誘導されやすさを被暗示性と呼びます。暗示とはたとえば、自律訓練法（第6章コラム参照）で用いる言語暗示などがあり、体系的かつ安全な方法で用いることで、心身の安定などをもたらすことも可能です。一方、ここで用いられる暗示の意味は「影響されやすさ」であり、決していいものとはいえません。

(10) 神経発達症群／神経発達障害群

このカテゴリーには、発達期に発症する疾患がまとめられています。特に、個人的、社会的にむずかしさが生じるような発達の問題がまとめられており、その内容は広範に渡ります。また、幼少期にこれら発達の問題が生じた場合、成人に至るまでこうした問題が維持されることもあり、幼少期からの十分な支援が必要です。

ここでは、自閉スペクトラム症／自閉症スペクトラム障害、注意欠如・多動症／注意欠如・多動性障害、限局性学習症／限局性学習障害の診断基準を紹介します。

自閉スペクトラム[①]症／自閉症スペクトラム障害 Autism Spectrum Disorder

A. 複数の状況で社会的コミュニケーションおよび対人的相互反応における持続的な欠陥があり、現時点または病歴によって、以下により明らかになる（以下の例は一例であり、網羅したものではない）。

   （1）相互の対人的―情緒的関係の欠落で、例えば、対人的に異常な近づき方や通常の会話のやりとりのできないことといったものから、興味、情動、または感情を共有することの少なさ、社会的相互反応を開始したり応じたりすることができないことに及ぶ。

   （2）対人的相互反応で非言語的コミュニケーション行動を用いることの欠陥、たとえばまとまりのわるい言語的、非言語的コミュニケーションから、アイコンタクトと身振りの異常、または身振りの理解やその使用の欠陥、顔の表情や非言語的コミュニケーションの完全な欠陥に及ぶ。

   （3）人間関係を発展させ、維持し、それを理解することの欠陥で、たとえば、さまざまな社会的状況に合った行動に調整することの困難さから、想像上の遊びを他者と一緒にしたり友人を作ることの困難さ、または仲間に対する興味の欠如に及ぶ。

B. 行動、興味、または活動の限定された反復的な様式で、現在または病歴によって、以下の少なくとも2つにより明らかになる（以

下の例は一例であり、網羅したものではない)。
(1) 常同的または反復的な身体の運動、物の使用、または会話（例：おもちゃを一列に並べたり物を叩いたりするなどの単調な常同運動、反響言語[2]、独特な言い回し）。
(2) 同一性への固執、習慣への頑なこだわり、または言語的、非言語的な儀式的行動様式（例：小さな変化に対する極度の苦痛、移行することの困難さ、柔軟性に欠ける思考様式、儀式のようなあいさつの習慣、毎日同じ道順をたどったり、同じ食物を食べたりすることへの要求）
(3) 強度または対象において異常なほど、きわめて限定され執着する興味（例：一般的ではない対象への強い愛着または没頭、過度に限局したまたは固執した興味）
(4) 感覚刺激に対する過敏さまたは鈍感さ、または環境の感覚的側面に対する並外れた興味（例：痛みや体温に無関心のようにみえる、特定の音または触感に逆の反応をする、対象を過度に嗅いだり触れたりする、光または動きをみることに熱中する）

C. 症状は発達早期に存在していなければならない（しかし社会的要求が能力の限界を超えるまでは症状は完全に明らかにならないかも知れないし、その後の生活で学んだ対応の仕方によって隠されている場合もある）。

D. その症状は、社会的、職業的、または他の重要な領域における現在の機能に臨床的に意味のある障害を引き起こしている。

E. これらの障害は、知的能力障害（知的発達症）[3]または全般的発達遅延[4]ではうまく説明されない。知的能力障害と自閉スペクトラム症はしばしば同時に起こり、自閉スペクトラム症と知的能力障害の併存の診断を下すためには、社会的コミュニケーションが全

般的な発達の水準から期待されるものより下回っていなければならない。

注：DSM-Ⅳで自閉性障害、アスペルガー障害、または特定不能の広汎性発達障害の診断が十分確定しているものには、自閉スペクトラム症の診断が下される。社会的コミュニケーションの著しい欠陥を認めるが、それ以外は自閉スペクトラム症の診断基準を満たさないものは、社会的（語用論的）コミュニケーション症として評価されるべきである。

注意欠如・多動症／注意欠如・多動性障害
Attention-Deficit/Hyperactivity Disorder

A. （1）および／または（2）によって特徴づけられる、不注意および／または多動性 - 衝動性の持続的な様式で、機能または発達の妨げとなっているもの：

（1）不注意：以下の症状のうち6つ（またはそれ以上）が少なくとも6カ月持続したことがあり、その程度は発達の水準に不相応で、社会的および学業的／職業的活動に直接、悪影響を及ぼすほどである。

注：それらの症状は、単なる反抗的行動、挑戦、敵意の表れではなく、課題や指示を理解できないことでもない。青年期後期および成人（17歳以上）では、少なくとも5つ以上の症状が必要である。

　（a）学業、仕事、または他の活動中に、しばしば綿密に注意することができない。または不注意な間違いをする（例：細部を見過ごしたり、見逃してしまう、作業が不正確である）。

　（b）課題または遊びの活動中に、しばしば注意を持続する

ことが困難である（例：講義、会話、または長時間の読書に集中し続けることが難しい）。
(c) 直接話しかけられた時に、しばしば聞いていないようにみえる（明らかな注意を逸らすものがない状況でさえ、心がどこか他所にあるように見える）。
(d) しばしば指示に従えず、学業、用事、職場での義務をやり遂げることができない（例：課題を始めるがすぐに集中できなくなる、または容易に脱線する）。
(e) 課題や活動を順序立てることがしばしば困難である（例：一連の課題を遂行することが難しい、資料や持ち物を整理しておくことが難しい、作業が乱雑でまとまりがない、時間の管理が苦手、締め切りを守れない）。
(f) 精神的努力の持続を要する課題（例：学業や宿題、青年期後期および成人では報告書の作成、書類に漏れなく記入すること、長い文章を見直すこと）に従事することをしばしば避ける、嫌う、またはいやいや行う。
(g) 課題や活動に必要なもの（例：学校教材、鉛筆、本、道具、財布、鍵、書類、眼鏡、携帯電話）をしばしばなくしてしまう。
(h) しばしば外的な刺激（青年期後期および成人では無関係な考えも含まれる）によってすぐに気が散ってしまう。
(i) しばしば日々の活動（例：用事を足すこと、お使いをすること、青年期後期および成人では電話を折り返しかけること、お金の支払い、会合の約束を守ること）で忘れっぽい。

（2）多動性および衝動性：以下の症状のうち6つ（またはそれ以上）が少なくとも6カ月持続したことがあり、その程度

は発達の水準に不相応で、社会的および学業的／職業的活動に直接、悪影響を及ぼすほどである：

注：それらの症状は、単なる反抗的態度、挑戦、敵意などの表れではなく、課題や指示を理解できないことでもない。青年期後期および成人（17歳以上）では、少なくとも5つ以上の症状が必要である。

(a) しばしば手足をそわそわ動かしたりトントン叩いたりする、またはいすの上でもじもじする。

(b) 席についていることが求められている場面でしばしば席を離れる（例：教室、職場、その他の作業場所で、またはそこにとどまることを要求される他の場面で、自分の場所を離れる）。

(c) 不適切な状況でしばしば走り回ったり高いところへ登ったりする（注：青年または成人では、落ち着かない感じのみに限られるかもしれない）。

(d) 静かに遊んだり余暇活動につくことがしばしばできない。

(e) しばしば"じっとしていない"、またはまるで"エンジンで動かされているように"行動する（例：レストランや会議に長時間とどまることができないかまたは不快に感じる；他の人達には、落ち着きがないとか、一緒にいることが困難と感じられるかもしれない）。

(f) しばしばしゃべりすぎる。

(g) しばしば質問が終わる前に出し抜いて答えはじめてしまう（例：他の人達の言葉の続きを言ってしまう；会話で自分の番を待つことができない）。

(h) しばしば自分の順番を待つことが困難である（例：列に並んでいる時）。

　　　　　（ⅰ）しばしば他人を妨害し、邪魔をする（例：会話、ゲーム、または活動に干渉する；相手に聞かずにまたは許可を得ずに他人の物を使い始めるかもしれない；青年または成人では、他人のしていることに口出ししたり、横取りすることがあるかもしれない）。
B．不注意または多動性―衝動性の症状のうちいくつかが12歳になる前から存在していた。
C．不注意または多動性―衝動性の症状のうちいくつかが2つ以上の状況（例：家庭、学校、職場；友人や親戚といるとき；その他の活動中）において存在する。
D．これらの症状が、社会的、学業的、または職業的機能を損なわせているまたはその質を低下させているという明確な証拠がある。
E．その症状は、統合失調症、または他の精神病性障害の経過中に起こるものではなく、他の精神疾患（例：気分障害、不安症、解離症、パーソナリティ障害、物質中毒または離脱）ではうまく説明されない。

　以上の内、①〜④を簡単に説明すると以下の通りです。

①スペクトラム

　連続性を意味します。社会的コミュニケーションの問題を抱える障害群である自閉症は、重症度や年齢によりその特徴が異なることから、DSM-5からは連続体としてとらえられるようになりました。小児自閉症やカナー型自閉症、高機能自閉症、アスペルガー障害などは、自閉スペクトラム症と一括して呼ばれるようになりました。

②反響言語

　最後に聞いた言葉や音節を繰り返すことを反響言語と呼びます。また、他人の運動をチックのように真似ることを反響動作と呼び、自分自身の音

声や言葉の繰り返しを同語反復と呼びます。
③**知的能力障害（知的発達症）**
　全般的知能が欠陥していることと、同一年齢群と比較して、日常の適応機能が障害されていることを特徴とします。対人コミュニケーションや社会参加、自律した生活といった複数の日常生活活動に困難を抱えるといった特徴が挙げられます。
④**全般的発達遅延**
　小児早期（5歳未満）において、発達の遅れや知的な遅れを臨床的に判断できない場合に用いられる診断です。ここでは、知的機能のいくつかの領域で、期待される発達に満ちていないと判断される場合に診断されます。なお、この診断は、一定期間をおいて再評価が必要となります。

　以上で紹介した診断基準は、DSM-5に掲載されているもののほんの一部です。したがって、本章で紹介した以外の精神疾患についても、その特徴を知る必要があります。一方、クライエントの特徴と診断基準で示されている特徴の一部が合致することで、すぐに診断がつけられる訳でもありません。診断基準にある特徴やさまざまな心理・行動的特徴、それらが維持されている期間などから、十分に注意深くクライエントを観る必要があります。また、カウンセラーの場合、こうした診断基準に掲載される精神疾患を知ることで、クライエントの理解を促進するとともに、見立て、支援や治療の方針を立てることが求められます。

コラム　ストレス

　ストレスは、カナダの内分泌学者セリエ（Selye, H.）を中心に取り上げられた概念です。セリエはストレスを「外界のあらゆる要求によってもたらされる身体の非特異的反応」（汎適応症候群）と定義づけ、スト

レス学説を提唱しています。セリエを契機に始まったストレス研究は、心理学の世界でも広がりをみせます。たとえば、ホームズとレイ（Holmes, T. H. & Rahe, R. H., 1967）は、生活上の重大な出来事をストレスがかかる出来事（stressful life event）として、社会的再適応評定尺度（social readjustment rating scale）を作成しています（表）。
また、ラザラスとフォルクマン（Lazarus, R. S. & Folkman, S., 1984）は、心理学的ストレス理論（図）を提唱し、認知的評価（１次的評価・２次的評価）がストレスの発現に関係することを示しています。これらのストレス研究は、現代社会におけるストレスの問題を扱う場合においても、重要な示唆を与えています。また、ストレス研究は、心身医学の世界で多様に展開してきました。心身医学領域でストレスを扱う際、心身相関といった概念が重要視されます。心身相関とは、心理的側面の状態と身体的側面の状態とが相関関係にあるという考え方です。したがって、こころの不調は身体の不調と密接に関連していることになります。ストレスに対処する場合、心理的側面と身体的側面の両者へのアプローチが必要不可欠です。

表　社会的再適応評定尺度

順位	ライフイベント	得点
1	配偶者の死亡	100
2	離婚	73
3	夫婦の別居	65
4	留置場に拘留、刑務所に入るなど	63
5	家族の死亡	63
6	自分の病気・傷害	53
7	結婚	50
8	解雇	47
9	夫婦間の和解	45
10	退職	45

順位	ライフイベント	得点
11	家族が健康を害する	44
12	妊娠	40
13	性的困難	39
14	家族が増える	39
15	仕事への再適用	39
16	経済状態の変化	38
17	親友の死亡	37
18	違った仕事への配置変え	36
19	配偶者との論争の回数の増減	35
20	１万ドル以上の抵当か借金	31
21	担保物件などを失う	30
22	仕事上の責任変化	29
23	個人的な成功	28
24	妻の就職や離職	26
25	就学や卒業、進学	26
26	生活状況の変化	25
27	習慣の変化	24
28	上司とのトラブル	23
29	仕事の時間や状況の変化	20
30	住居が変わる	20
31	学校が変わる	20
32	レクリエーションの変化	19
33	教会活動の変化	19
34	社会活動の変化	18
35	１万ドル以下の抵当か借金	17
36	睡眠習慣の変化	16
37	家族親戚づきあいの回数の増減	15
38	食習慣の変化	15
39	休暇	13
40	クリスマス	12
41	ささいな違反行為	11

```
環境からの刺激 → 1次的評価 → 2次的評価 → ストレス反応
```

1次的評価: 環境からの刺激が脅威であるか否かの評価 脅威である場合、2次的評価へ

2次的評価: 脅威である刺激に対して対処(コーピング)が可能か否かの評価 対処不可能である場合、ストレス反応が生じる

図　心理学的ストレス理論

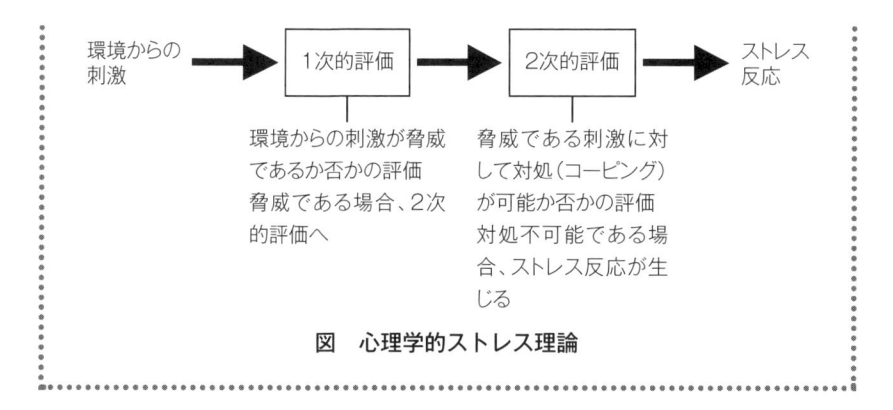

■ 引用・参考文献 ■

American Psychological Association (1994). Diagnostic and statistical manual of mental disorders. 4th.ed. text- revision. Washington D.C.: American Psychiatric Press.（高橋三郎・大野裕・染矢俊幸（訳）(2009)『DSM-IV-TR 精神疾患の診断・統計マニュアル新訂版』医学書院）

American Psychological Association (2013). Diagnostic and statistical manual of mental disorders. 5th.ed. Washington D.C.: American Psychiatric Press.（高橋三郎・大野裕（監訳）(2014)『DSM-5 精神疾患の診断・統計マニュアル』医学書院）

Frances, A. (2013) Essentials of Psychiatric Diagnosis Responding to the Challenge of DSM-5. The Guilford Press.（大野裕・中川敦夫・柳沢圭子（訳）(2014)『DSM-5 精神疾患診断のエッセンス DSM-5 の上手な使い方』金剛出版）

森則夫・杉山登志郎・岩田泰秀（2014）『臨床家のための DSM-5 虎の巻』日本評論社

World Helth Organization (1992). The ICD-10 Classification of Mental and Behavioral Disorders: Clinical descriptions and diagnostic guideline. World Health Organization, Geneva.

第16章
カウンセリングの事例

　ここでは、これまでに紹介したカウンセリングや各種心理療法を用い支援を行った実際の例を紹介します。すべて個人特定などができない形へ書き換えていますが、実際のカウンセリングで展開されるカウンセラーとクライエントとのやり取りです。各事例を想像しながら、これ以外にどういった支援の形があるか考えてみましょう。

第1節
医療従事者を対象とした短期のカウンセリング

(1) はじめに

近年、特に医療現場で活躍するスタッフのメンタルヘルスを取り上げ、支援することが急務となっています。医療現場で活躍するスタッフの種類は多様ですが、医師を除く医療従事者（看護師など）をコメディカルスタッフやメディカルスタッフと呼びます。そして、医療従事者にのしかかる心理的ストレスは看過できないものとなっており、ストレスに起因する身体的不調や心理的不調に対する専門的な支援も必要不可欠です。

医療の現場は、患者の病状に合わせたより的確な治療やケアが求められる一方、そこで治療やケアに携わるスタッフの支援は見逃されがちです。医療に求められる社会的ニーズが高まる中、医療従事者たちの負担も増え、まさに"身を削りながら"職務を全うする姿を目の当たりにすることも多々あります。医療現場も組織であり、そこで働くスタッフたちももちろん労働者です。組織における労働者支援の必要性から考えると、医療従事者に対するカウンセリングもまた必要不可欠な支援といえます。

以下で紹介するAさんの状態は、医療従事者を対象としたカウンセリングを担当する中で多く出会う例です。

(2) 自分を失ったAさん

Aさんは看護系大学を卒業した後、すぐにある大手病院へ就職した中

堅看護師（女性）です。就職後7年間、職場において大きな問題もなく、順調にキャリアを積んできました。ある時、自分自身が主たる専門としていた領域から、全く違う領域（Aさんいわく、「全く違う領域」とのことです）に配置転換になりました。そこで、Aさんにとっての新しいキャリアが始発するはずでしたが、Aさん自身、思ってもいない状況に直面してしまいました。そして、体調を崩し、上司（Aさんが働く病棟の師長）の紹介で、カウンセラーである私のもとにやってきました。

　はじめにAさんが相談に訪れた際の印象は、"何かに怯えているような感じ"でした。そこで、Aさんの怯える背景には何があるのかについて丁寧に尋ねました。

　Aさんの主訴は、「同僚の目が怖く、ひとつひとつの仕事を確認しなくてはならず、これまでのように仕事を進めることができない」「自分に自信が持てなくなり、これまでの自分は何だったのかわからなくなる」というものです。また、"何かに怯えている"理由を尋ねたところ、「職場を異動してから、自分のやることなすこと、全てを評価されているように感じ、今カウンセリングを受けている最中にも・・・、先生からも評価を受けているような気がして・・・」とのことです。

　ここで、Aさんのこれまでの経験などについて尋ねると、表情を明るくし、これまでのことを話し出し、その様子は、今現在の状況を語る時とはまるで別人といった様子です。

　「私は学生時代からいつも一番でリーダーでした。今の病院に就職してからも先輩にも恵まれて、いろいろ学ぶこともできて、7年経ってやっと自分の仕事ができるようになりました。それなのに・・・。私はこれまでずっとうまくやってきて、これからもうまくやっていけるものだと思っていたのに、今はできないわけではないんですが、ひとつひとつが不安でできないことが多くなってしまって、こんな自分が不甲斐なくて、こんな状況が続くのであれば、こんな仕事辞めてしまいたいと思います」

これまで蓄積した知識や技能、経験はとても誇らしく、Aさんの自信と仕事の活力になっているように感じます。まさに良循環で、仕事をこなすたびに次の仕事につながっているといった状態だったのかも知れません。こうした中、突然の異動とおよそ自分に合っているとは思えない業務内容の中、これまでに蓄積した本当の自分を失ってしまった喪失感や新たな環境に適応できない自分自身への嫌悪的感情にとらわれ、過度の緊張感に伴い身動きが取れない状態になっているようです。

　看護師をはじめとしたスタッフのストレスや心理的問題に焦点を当てる時、リアリティショック（現実に直面することでショックを受けること）やバーンアウト（自身の力では何もできないという感覚に襲われ、何かをする力も尽きてしまう状態、燃え尽き症候群）などといった用語がよく用いられます。Aさんの場合は、リアリティショックでしょうか？バーンアウトでしょうか？答えは"どちらも"です。恐らくAさんが直面した新たな職場ではリアリティショックが起きているでしょうし、そこで奮闘し、セルフコントロール感が低い状態では、バーンアウトが生じているとも考えられます。ただし、リアリティショックやバーンアウトなどと名前を付けてもAさんの問題は何も解決しません。Aさんの状態を引き起こす心理的な状態を理解し、その状態を支援するに最も適した方法を選択し、具体的に支援する必要があります。

（3）Aさんを苦しめる状況を理解する

　Aさんが一番困る状況は何（誰）がつくりあげているでしょう。これまでの状況をみると、決して現実的な出来事だけではなく、Aさんが持っている「どうしよう」や「自分はできていない」といった思考や感覚がつくりあげていると考えることができます。極端に表現してしまえば、Aさんの困り感は、Aさん自身がつくり上げているといえます。

そこで、まず、認知療法的なアプローチ（第8章参照）を用い、1週間の出来事とそこで生じる認知や感情などを整理しました。その結果、1週間の仕事を100％とした内、失敗している事柄（同僚からダメと評価されている状況）は、全体の20％ということです。また、異動前の仕事内容を想起し、Aさん自身に評価を求めたところ、そこでの失敗率も20％程度とのことで、今も昔も80％程度はうまく行っていることを確認することができました。"今も80％の成功"という自己評価はAさん自身、意外だったようです。そこで、今の職場でAさんが困らされてしまう20％を取り上げます。具体的には、①困ってしまう場面、②そこで生じる思考や感情（いわゆる自動思考）、③その思考や感情を生むAさんの価値観（認知的な枠組み）を考え得る限り想起し、整理することで、困ってしまう20％を整理します。たくさんの例がAさんによって語られましたが、その中のひとつを紹介します。

現実的な状況
　①状況：これまでとは違う仕事を同僚の前でやる
　②自動思考：失敗したらどうしよう！恥ずかしい
　③認知的枠組み：同僚の前では決して失敗してはならない

以上のプロセスは、現実的な状況とそこで生じる主観的感情や思考（まとめて認知とします）を整理し確認することで、Aさんが持つ認知が一般的にみて妥当か否かを検証する土台となります。この土台をつくるプロセスは、Aさんのいわば"本当の自分"を確認するプロセスともいえます。また、自動思考や認知的枠組みの結果として生じる行動（Aさんを困らせる変化）について尋ねると、①のような状況で②が生じると緊張のため身体を動かすことができなくなるということでした。また、緊張が高まらないように、その場面を回避するということもあるそうです。また、①〜③

を通して、仕事という行動の出現率が低下（抑制）しているといえます。

（4）Aさんの他者評価への敏感性と感情へのとらわれに対処する

　他者評価を気にすることは、自分自身を見直しセルフコントロールする上でも欠かすことができませんが、Aさんの場合、それが今現在の問題を引き起こす大きな要素となっていると考えられます。前述した③認知的枠組み（同僚の前では決して失敗してはならない）も他者評価への敏感さが影響する認知的枠組みといえます。

　以前の職場では、Aさんは自分自身が納得できる他者評価を得ることができていました。したがって、Aさんは他者評価に敏感になっていたとしても、それほど問題はなく充実感をもって仕事に取り組むことができていたのかも知れません。理想（高い評価を受ける自分）と現実（高い評価）が一致している状態ともいえます。

　一方、新たな環境では、同僚との関係性をも新たに築き上げている最中であり、Aさんが納得できるような他者からのフィードバック（同僚からの評価）を得ることができず、理想自己と現実が不一致している状態（第5章の自己理論を参照）ともいえます。理想とする自分が現実的にみて妥当かどうかを考え、Aさん自身、理想と現実との間でうまく折り合いをつける必要があります。

　また、自動思考に伴う自己否定的感情にとらわれてしまうことも、Aさんの問題を引き起こす要因となっています。Aさんの感情へのとらわれは、基本的な認知療法的なアプローチとあわせ、認知行動療法（第9章参照）の中でも第4世代と呼ばれる Acceptance & Commitment Therapy（一般的に頭文字を取り ACT と呼ばれます）を用いたカウンセリングで支援を行いました。ACT を簡単に紹介すると、Aさんの感じるある種の否

定的な感情を受け入れ（Acceptance し）、それにとらわれないようにする（Commitment する）といった流れですが、興味のある方は ACT に詳しい文献を参照してください。

(5) A さんの緊張に対処する

　認知・感情面に対するアプローチは前述の通りですが、あわせて、行動的問題（緊張感の高まりと行動の抑制）に対処する必要があります。心身相関（心理的健康と身体的健康とは相関関係にある）という概念が示す通り、心理的緊張は身体的緊張を引き起こします。逆もまた然りで、身体的緊張は心理的緊張を引き起こすこともあります。したがって、身体的緊張を解きほぐすことで、とりあえずの心理的緊張を低減できることが期待できます。ここでは、カウンセリング場面で、A さんに漸進的筋弛緩法（第6章コラム参照）を体験していただき、日常生活で緊張した時にこの方法を適用し、身体的緊張と心理的緊張の低減を観察（自分自身の心身の変化を客観的に観察）するように伝えました。

(6) 最後に

　A さんとのカウンセリングは、2 週に 1 回半年程度続き、状態が安定したため終結しました。比較的短い期間で終結したケースといえます。短期間で改善した理由としては、A さんの症状がそれ程重くはなかったこと、A さんのカウンセリングへのモティベーションが高く、各種心理療法が A さんにフィットしたことなどさまざまな理由が考えられます。認知療法や認知行動療法などといったいくつかの心理療法を用いたアプローチを通して、A さん自身の考え方が現実的な方向へと転換するとともに、不安や緊張の結果生じる行動の抑制はセルフコントロール可能なものであ

るという実感は、Aさんの問題を軽減することに少なからず影響したものと考えられます。こうした中、異動して半年、自分なりの仕事の仕方（人間関係のとり方を含めた仕事の仕方）が安定したことが、Aさんの状態の安定に非常に大きな影響を与えたとも考えられます。

　医療現場という特徴的な職場環境でスタッフが抱える心理的負担は計り知れません。そして、スタッフに対する心理的支援が求められる中で、支援者は、特徴的な職場環境のシステムを知り、そこで生じる感情や行動の変化を察知し、その感情や行動の背景にある個人の認知的側面に対して、支援対象者にフィットする方法（心理療法など）を選択し、アプローチすることが求められます。

第2節
過食嘔吐を続ける20代の女性

(1) はじめに

　食行動の問題を抱えカウンセリングに訪れる思春期・青年期の女性が増加しています。食行動の問題とは、第15章でいうところの『摂食障害』に該当するものです。病態はひとつではありませんが、大きく過食と拒食に分けることができます（詳しくは摂食障害の診断基準を確認してください）。そして、過食・拒食の内、過食した後、嘔吐を繰り返す（過食嘔吐）人々も多く、こうした人々もまた、カウンセリングの対象となります。

　しかしながら、過食嘔吐を繰り返している場合、心療内科や精神科など心理的側面に関与し得る診療科へ受診する者はそれほど多いとはいえません。こうした理由のひとつとして、過食嘔吐の場合、大量に食物を摂取した後、嘔吐することで、正常範囲内にある体重を保っていることも多く、クライエントたちにとって"美しいプロポーション"を保っていることから、苦しいながらも医療機関を受診するという決断を下すことが難しいということが挙げられます。

　摂食障害が発現・維持する要因は古くから数々研究されてきましたが、発達過程における母子関係の問題が原因となることや過激なダイエット行動から病的な食行動へと移行すること、また、他者からの評価を高め、自分の価値を高めるための手段として痩身を確保するための病的な食行動が持続されることなどが指摘されています。

　摂食障害はさまざまな要因が複雑に絡み合って生じる問題ですが、ここ

で紹介するBさんは、食事を排出して理想的なプロポーションを保つことで、他者から認められたいという欲求を満たそうと奮闘しているクライエントです。

(2) 自分を認めて欲しいBさん

　Bさんは20代半ばの女性です。都内大手企業に就職し、まじめな印象で身なりにも気を遣っており、非常に知的な印象を受ける礼儀正しい女性です。これまでの経歴を聞いても、とても輝かしく、Bさんが何に悩んでいるのか、いささか不思議さを感じてしまうほどです。ただし、第Ⅰ部で紹介した通り、クライエントが有する悩みは、それが一般的にみてどれ程ちっぽけなものであったとしても、悩みとして大切に扱うことがカウンセラーに求められる姿勢です。

　インテーク面接時、Bさんは1冊のノートとボールペンを抱え、相談室へやってきました。ふと手元に目をやると、緊張しているためかノートを強く握りしめています。主訴を尋ねると、「食事が思うようにできず、日常生活や仕事に支障をきたしているため、何とかして欲しい」とのことです。

　ここで、"食事が思うようにできない"という点についてより具体的に尋ねてみると、「1食食べると、それが適正な量だとわかっていても、吐き出さないと気が済まないんです」とのことです。"気が済まない"とは、何がどのように気が済まないのか尋ねると、「吐き出さないと、その分脂肪がつき、そう、特に頬のあたりだとか脇腹だとかに脂肪がついてしまいそうで仕方ないんです」とのことです。

　Bさんは、食事を採った後、それによって身体に脂肪がついてしまうのではないかという観念に振り回されているような状態です。したがって、吐き出さないと"気が済まない"というよりも、吐き出さないと"怖い"

といった表現の方がしっくりくるようにも思えます。また、Bさんの場合、脂肪がつきそうで"怖い"場所は顔と腰回りということです。摂食障害のクライエントから話を聞くと、他者から観察されやすい身体部位（顔や二の腕、腹囲など）へ対し肥満恐怖を持つ場合も少なくありません。

インテーク面接では、Bさんの主訴を聴取し、問題を整理することに終始しました。Bさんとともに、何を目的にカウンセリング（必要によっては心理療法）を実施するか考えたところ、Bさんの願いは、"過食嘔吐を止めたい"ということです。

これまで読み進めていただいた方にとって、Bさんの"過食嘔吐を止めたい"という主訴は当然だと思われることでしょう。一方で、過食嘔吐という行動のみを止めるだけで、Bさんの苦しさはなくなるでしょうか？もちろん、Bさんのニーズに応えることができるのなら（過食嘔吐を止めることができるのなら）、Bさんの苦しさは低減するかもしれません。一方、過食嘔吐という行動が、Bさんにとってのストレス対処法略となっているのであれば、それを急に止めてしまうことで、ストレスに対処することができず、より疲弊してしまうことも考えられます。

初回面接時、Bさんのニーズを聴取することと併せて、さまざまな情報を組み立ててBさんの行動が持つ意味を考え、どういったアプローチが有効であるかを熟慮する必要もあるでしょう。

（3）Bさんの行動を理解する

Bさんから情報を聴取し、Bさんとともに今後の方針を考える中、扱う目標を2つに絞りました。ひとつは、Bさんの願いである過食嘔吐の頻度を低下されせること、もうひとつは、Bさんが"自分では適量だとわかっていても吐き出さずにはいられない意味"を考えることです。

過食嘔吐の出現頻度を確かめるために、まずは、1週間の内、過食嘔吐

がどの位の回数で生じているのかを記録してもらうことにしました。その結果、毎日夕食後に嘔吐していることが明らかとなりました（朝食は採らず、昼食は就業中のため排出することができないことから、カロリー０の食品を採っているそうです）。あわせてカウンセリング場面では、嘔吐という苦しい行動を通して、なぜ痩身を手に入れなくてはいけないのか、その理由を尋ねることにしました。すると、Ｂさんは、"痩身体を手に入れることで他者からの高い評価を得たい"という欲求をもっているということです。Ｂさんにとっての他者から認められる、高い評価を受けられるための方法は、"他者から賞賛される痩身を手に入れること"のようです。過食嘔吐を問題として抱えるクライエントに対するカウンセリングの過程では、Ｂさんと同じように、"痩身であることが他者評価を高める"といった頑なな考えを持ち、痩身を手に入れるための不適切な食行動を持続するクライエントも少なくありません。

　痩身が美しいという社会文化的風潮がある中、"美しさを保つ＝痩せている"ことで、他者から高い評価を受けることができる可能性があり、他者から高い評価を受けるために、心身を傷つけるような行動（嘔吐）を呈するといったメカニズムは、さまざまな研究でも指摘されています。Ｂさんの過食嘔吐が他者からの高い評価を得るための方策となっているのであれば、Ｂさんの行動面だけに焦点を当てたアプローチだけでは不足で、"なぜ他者から高い評価を受ける必要があるのか"といった心理的側面に対するアプローチを同時に実施していく必要があります。

（4）Ｂさんの低い自尊感情と不全感

　Ｂさんとのカウンセリングを続けていると、他人からみると"良い経歴"でこれまで過ごしてきたにも関わらず、"一生懸命がんばっても他人から評価されることはなく、すべて（自分の容姿や身体を含め）美しく、褒め

てもらえるようにしなくてはいけない"と考えていることがわかりました。そして、Bさんにとって、痩身を維持することが、他者から高い評価を受けるための必要条件であり、その条件を満たすために、食事を吐き出すという行動が出現しているという関係が明確化されました。また、Bさんは"自分と関わる他人には高い評価を受けなくてはならない"といった考えを持ち、また、"他者は全員が自分に注視し、自分のことを評価している"とも考えているようです。

　こうした中、実際には、全員が高い評価をしてくれていることはなく、Bさんの理想と現実との一致度は低い状態となってしまっています（第5章第2節の中の「自己理論」参照）。そこで、カウンセリングでは、「〜なくてはならない」部分を扱うことにしました。これまでの人生の中で「〜なくてはならない」といったライフイベントを挙げてもらい、そこで、どのようなことが起きて、それをBさん自身がどのように認識しているのかを確かめます。すると、中学時代に鍵になるライフイベントがあったようです。

　Bさんにとって忘れることができないライフイベントのひとつが、"中学時代の母親との言い合い"だそうです。Bさんの母親は厳しく（Bさんいわく、教育ママ）、このライフイベントがあるまで、母親に逆らったことはなく、Bさんにとっては非常に思い出に残る（ただし、ネガティブな思い出）出来事だったようです。それ以来、母親の目を気にしながら、学年で一番であることや地域で一番の高校へ進学すること、高学歴と称される大学へ入学し、名の知れた大企業へ就職することを目標に、日々がんばり続けてきたそうです。そして、すべての目標は達成され、「食べ吐きしちゃうこと以外、今は何不自由なく暮らしている」とのことです。

　カウンセリングを継続する中、Bさんはある時、母親への嫌悪感を露呈しました（やっとBさん自身、自分の気持ちを吐露できる時がきたといった状況です）。「母親の期待に応えてやってきたのに、母親は何も変わらな

い」「母親に支配された人生なんて、私はもう耐えられません」といいながら涙を流し、「先生、私はずっとこうなんでしょうか・・・」と声を詰まらせます。これから、何か解放されるようなことはないのかを尋ねると、「母親が認めるよう、世間一般の人から認められれば解放されるかも知れません」とのことです。

　ここまでを整理すると、Bさんの痩身を求める行動は、母親からの評価を高めるための行動とまとめることができます。したがって、Bさんが有する母親との体験や母親への認識に焦点を当ててカウンセリングを続けることにしました。ただし、母親にBさんに対する態度を変えてもらうことは難しく、また、Bさんの過去の経験をきれいさっぱり良い経験へと書き換えることは不可能です。したがって、Bさん自身が自分の気持ちや不全感を整理し、Bさんが変わる良い方法はないか、探索することにしました。

　ここでは詳しいプロセスは割愛しますが、Bさんは日常内観（第12章参照）を実施することを選択しました。Bさんの問題の根源となっている中学生時代のライフイベントについて、大人になった今、ある種客観的に理解することで、母親に対するBさんの見方がほんの少し変わったようです。ある日、面接室で、Bさんは「お母さんに謝りたい」と申し出ました。理由を尋ねると、「自分が意固地になり、何か都合が悪くなるとお母さんに全てなすりつけていました」「中学時代のあの時も、期末試験の出来が悪く、お母さんが口うるさく勉強しろっていうから、そのせいで成績が悪くなっったと窓ガラスを割ったんです」とのことです。

　面接場面に母親を呼び、母子同席で面接（合同面接、第3章参照）することもできますが、Bさんの場合、Bさんのイメージの中で、母親と対話してもらうことにしました。すると、いままで母親に伝えることができなかった苦しさやさまざまな気持ちを伝え切り、涙を流しながらも晴れ晴れとした様子です。

この時点で過食嘔吐の頻度は週3回程度に低減しています。さまざまなライフイベントがあり、その過程で直面する壁が、行動面の問題を引き起こすことがあります。また、過去の問題が現在の問題に影響することもあります。こうした中、カウンセラーは、さまざまなやり方（各種心理療法や各種技法）を駆使して、クライエントの問題解決のお手伝いをすることが求められます。Bさんとのカウンセリングの過程では、「○○療法を施行した」と明示することはできませんが、内観療法やゲシュタルト療法、その他さまざまな心理療法のエッセンスを織り交ぜたものともいえます。多様な方法を効率良く利用するために、カウンセラーは多くの引き出しをもっていることが求められます。

第3節
うつ病の診断を受けたクライエントへのカウンセリング

(1) はじめに

　うつ病は、厳密にはDSM-5（第15章参照）で示される基準に合致した場合に診断がつけられます。落ち込みを主症状とした精神疾患で、近年、働き盛りの30代40代での罹患者も増え、社会的問題にもなっています。また、DSMをはじめとした診断基準に合致することのないうつ病様の状態（たとえば、仮面うつ病などと称される落ち込みの状態）を呈する者も増え、うつ病の概念は広がりをみせています。

　こうした中、たとえば、各企業では、労働者のうつ病予防を目的とした研修会や講演会を企画したり、実際にうつ病を呈している労働者に対する組織的な支援などが実践され効果を上げています。

　ここでは、後にうつ病の診断を受ける会社員Cさんに対する会社組織の支援（ライン・ケア）とカウンセリングの例を紹介します。

(2) 落ち込みの激しいCさん

　Cさんは30代半ばの男性で、システムエンジニアです。特にここ最近、繁忙期であることもあり、多忙を極め、終電に間に合わず、会社に寝泊まりすることもあったようです。

　ある時、Cさんが所属する部のD部長は、Cさんの様子がおかしいことに気づきます。いつもエネルギッシュで真面目に仕事に取り組み、口数

も多く明るい性格のCさんが、いつもとは異なり、暗くうつむき、目の前のPCに触れることさえもできず、うなだれているといった様子です。D部長はCさんと面談する時間をとり、支持的にCさんの想いに耳を傾けました（職場の上司が部下を面談する際、往々にして、"評価的"な面談をしてしまうことがありますが、上司から部下に対する心理的支援をする時、支持的な面談をするよう心掛ける必要があります）。そして、D部長はCさんに産業医と面接することを勧めました。

　職場の管理者から部下に対する心理的支援の方法をライン・ケアと呼びます。ライン・ケアは、管理者や産業保健スタッフ（産業医や心理士、保健師など）が一丸となり、心理的不適応状態にある労働者を支援するという取り組みで、近年、その重要性はより高まっています。今回、部長であるDさんが産業医を紹介し、Cさんに自身の悩みを相談できる環境を提供したことは、十分機能したライン・ケアであり、職場を管理する上司の役割として、必要十分なものです。また、ここで、ケアを受ける労働者（本書ではCさん）に対して、「ケアを受けることで社会的・職業的な評価が低下することはない」ということを十分に周知しておくことも欠かせません。

　産業医との面談を終えたCさんは、心療内科への受診とカウンセリングを受けることになりました。ここでは、投薬治療と並行して外部EAP（Employee Assistance Program：労働者のメンタルヘルスを支援する機能。内部EAPと外部EAPが存在し、前者は組織内に常駐するケアスタッフがおり、そこで支援プログラムが実施されることを指します。また、後者は、ケアスタッフを外注し、支援プログラムが実施されることを指します。詳しくは他書を参照してください）を利用したカウンセリングが実施されることになりました。

(3) 自分に注目するCさん

　Cさんとのカウンセリングが始まり、同時に各種心理検査を実施しました（第14章参照）。ここでは、BDIやその他、パーソナリティを測定する検査などテストバッテリーを組み、Cさんの状態や性格を測定しました。すると、高い抑うつ状態であることや、自身の内面へ注目する傾向が強いことが明らかとなりました。これら心理検査の結果とCさんから得たさまざまな情報をあわせて考えると、Cさんは、特に自身の内面へと注目する傾向が強く、こうしたことがCさんの苦しさを強化している可能性が推測され、"意識の向け方"に焦点を当てたカウンセリングを実施することになりました。

　Cさんは、このところ自分の将来のことを考えると不安になり、自己否定的な感情を強くもっていたようです。「私は、この職場が3つ目なのですが、これまで自分の力を信じて仕事をしてきました」「ただ、最近自信を持つことができず、その理由は何だろうって考えている内にどつぼにはまり、抜け出せなくなって・・・」「もう今は自分のことを考えるだけで涙が出てきます。やらなくてはいけないことはたくさんあるのに、まったくやる気がでません。このままクビになったらどうしようって・・・」「家族も養っていかなくてはいけないし、もう死んで生命保険で家のローンを全てなかったことにした方がいっそ楽かも知れませんね」

　Cさんのさまざまな情報を聴取すると、自身に関する否定的な感情や情報、また、好ましくない環境などに注意を向けることで、その否定感をより一層強くしてしまい、"考えることもできない"くらい深い落ち込みを感じていると考えられます。考え方の"癖"がCさんの苦しさを生んでいるのであれば、その"癖"を修正する有効な方法である論理療法（第7章参照）や認知療法（第8章参照）を用いることができるかも知れません。

(4) 考えることをストップする

　Cさんは、これまでの経験を活かし、新たな職場にリクルートすることで、仕事にやりがいを感じていました。仕事にやりがいを感じ、順風満帆な一技術者として職業生活を送っている時は、自分自身の内面を振り返っても、そこで発見される感情はポジティブなものであり、何ら問題は生じないかも知れません。しかし、最近はこれまでのように上手くいかないことも多く、自分の駄目な部分（他者からみて駄目ではなくても、Cさんにとって駄目だと思う部分）に注目をしてしまい、注目することで、自己否定感を強くしているといった現状があります。

　こうした中、考えることをストップするといった方法があり、これを思考停止法と呼びます。ここで5秒間、みなさんの思考を停止してください。いかがですか？停止できましたか？考えることを止めようと思えば思うほど、考えることを考えてしまうことがあります。これと同じように、自分の否定的感情に注目するサイクル（悪循環）に入った時、それを止めようとがんばってみても、余計にその否定的感情が鮮明になってしまうことがあります。

　そこで、思考停止法では、自身の内面への注意をカードへ向けさせることで、思考の悪循環に過度に注目してしまうことを避けるといった意図から、名刺サイズのカード（STOP!などという文字だけが記載されているカード）などを用意し、思考の悪循環に入った時、そのカードに注意を向けるなどといった方法が用いられます。

　CさんにもにちSTOPカードを持参してもらうことにしました。また、これとあわせて、現状、Cさんの日常生活で何が起きているのかを詳細に記録してもらうとともに、その状況で、どのような自動思考（第8章参照）が生まれているのか記録してもらい、それらを分析することで、Cさんいわく"奇妙な思考"から脱することができました。

激しい落ち込みややる気のなさ、悲壮感など、うつ病に特徴的な症状はわれわれを苦しめるものです。Cさんも激しい落ち込みからは解放されたものの、いつ以前と同じような状態に戻ってしまうのかという不安は抱えています。十分なカウンセリングや心理療法を通して、日常生活においてセルフコントロールできるような力を身につけていく支援もカウンセラーの重要な任務といえます。

　ここでは3人のクライエントを紹介しました。それぞれの問題を明確にとらえ、その問題の成り立ちを考えることがカウンセラーには求められます。また、その問題の成り立ちを考えた上で効果的な支援法（心理療法など）を施行し、問題解決の糸口をつかむことも必要不可欠です。そして、カウンセリングのプロセスで得ることができるさまざまな方法をクライエント自身が自分の生活で使用し、自分の問題をうまくコントロールできるようになることもカウンセリングの目標のひとつです。

　もちろんカウンセリング場面に訪れるクライエントは、本書で紹介した事例以外に多種多様です。みなさんがこれから対面するかも知れないクライエントにはどのような支援が必要なのでしょう。本書で学習した内容を踏まえ、そのクライエントに一番マッチした支援を実践できることが、何より良い支援なのではないでしょうか。

あとがき

　近年、カウンセリングや臨床心理学に対するニーズは高まりをみせています。こうした中で、カウンセリングに従事するカウンセラーや臨床心理学研究を進める研究者は、クライエントの問題解決の鍵となる支援・研究を実現することを目指しています。

　クライエントの問題に対する支援の方法は、カウンセリングだけではなく、さまざまな形があります。例えば、スポーツクラブで汗を流すことで問題解決の鍵を握ることができれば、それは有効な支援といえます。それが支援となり得るか否かはクライエントの捉え方によるともいえます。

　多様な支援の形がある中で、われわれがカウンセリング領域でカウンセリングを実践する前提として、本書で扱った各種理論の十分な理解は欠かすことができません。理論はより一般的なものであり、精神疾患などをはじめとした臨床的な特徴を持つクライエントを理解する上で、有効な"道具"となります。そして、その道具を巧みに使い、クライエントを支援することがカウンセラーの役割といえます。

　以上のように、理論は"道具"のような特徴をもつものです。したがって、"道具"を手に入れることは重要なことですが、その"道具"を飾っておくだけでは、心理的支援を担う実践家とはいえません。クライエントの主訴や状態にあわせて上手に"道具"を組み合わせ、よりコストパフォーマンスの高い支援が実現できれば、日本におけるカウンセリングの位置づけや社会的なイメージもよりポジティブなものになるのではないでしょうか。

　カウンセリングで扱う対象は人間のこころです。目に見えないものを扱

うことやカウンセリングの効果が客観的に示されることが少ないことなどを理由に、カウンセリングに懐疑的な立場を取る人々も少なくありません。より適正かつ妥当な方法で、カウンセリングを学び、本質的なカウンセリングの在り方を理解することができれば、より自然な形で社会的なニーズに応えられるのではないでしょうか。

　また、カウンセリングや臨床心理学を専門とする実践家や研究者には"心身の保持増進を目指した予防的な支援"を担うことも求められます。悪くなることを防ぐ取り組みは、簡単なようで十分な工夫が必要です。ここでも、われわれが手に入れている"道具"を駆使して、有効な予防的支援を展開することが求められます。

　最後に、筆が遅く注文の多い私にひとつひとつご対応下さった産業能率大学出版部坂本清隆様に心から感謝申し上げます。また、快く監修をお引き受けくださった法政大学宮城まり子先生に深くお礼を申し上げます。

　　　　カウンセリングは難しい、だけど面白い！　2014年夏　山蔦圭輔

人名索引

■あ行
アイゼンク　　78
アドラー　　19
アンナ・フロイト　　61
ウィットマー　　14
ウィリアムソン　　17
ウェクスラー　　175
ウェルトハイマー　　10
ウォルピ　　78
ウッドワーズ　　15
ヴント　　10
エリス　　96

■か行
カルフ　　148
キャッテル　　10・14
コッホ　　169

■さ行
サリバン　　19
ジェイコブソン　　92
ジェームズ　　11
シモン　　15
シャルコー　　63
シュルツ　　90
スキナー　　11
ソーンダイク　　11

■た行
ターマン　　174
ティチェナー　　10

■は行
パーソンズ　　16
バーン　　128
パブロフ　　80
バンデューラ　　86
ビアーズ　　16・17
ビネー　　15
ビンスワンガー　　19
フランクル　　19
ブレンターノ　　10
フロイト　　14
フロム　　19
ボウルビィ　　60
ホーナイ　　13・19

■ま行
マイケンバウム　　113
マイヤー　　17
マズロー　　12
森田正馬　　143

■や・ら・わ行
ユング　　13・19
吉本伊信　　140
ローウェンフェルト　　148
ローゼンツァイク　　62
ロジャーズ　　12
ワトソン　　11

事項索引

■あ行

愛着　　59
アウトリーチ　　46
アグレッションの型　　167
アスペルガー障害　　190
アセスメント　　26・87・157
アタッチメント　　59
アディクション　　140
アルコール使用障害　　220
アルコール中毒　　222
アルコール離脱　　222
アルバート坊やの実験　　81
暗示文　　90
家・木・人テスト　　169
意識　　55
異常と正常　　25
イド　　58
"今、ここで"　　122
"今、ここでの体験"　　73
医療歴　　50
因子分析　　15
陰性症状　　187・189
陰性転移　　62
インテークシート　　47
インテーク面接　　43
インフォームドコンセント　　28
ウェクスラー式　　156
内田クレペリン精神作業検査　　172
うつ病　　186・190
裏面的交流　　133
運動再生過程　　86
エクスナー式　　166
エクスポージャー　　91
エゴ　　58
エゴグラム　　128
エス　　58

エディプス期　　59
エビデンス　　93
エンカウンター・グループ　　68
演技性パーソナリティ障害　　225
置き換え　　61
オペラント行動　　83
オペラント条件づけ　　78
温感訓練　　90

■か行

外因性　　57
絵画統覚検査　　167
絵画療法　　169
概日リズム睡眠　　220
解釈投与　　64
解消運動　　91
ガイダンス　　18
改訂　長谷川式
　　簡易知能評価スケール　　176
外的照合枠　　70
外的フラストレーション　　62
外罰的　　62
外部EAP　　255
解離症状　　227
カウンセラー　　24
カウンセラーの体験　　34
カウンセラーの倫理　　28
カウンセリング　　4
カウンセリング心理学　　8
カウンセリングの枠　　29
学習理論　　40・78・86
覚醒障害　　220
覚知　　124
額部冷涼感練習　　90
過去の未完結な問題　　121
過食嘔吐　　249

索　引

過食症　　　216
課題画法　　170
片口式　　　166
カタレプシー　　189
葛藤　　62
活動　　135
活動スケジュール　　108
過度の食事制限　　216
緩衝効果　　27
儀式　　135
機能主義心理学　　11・13
機能分析　　131
気分エピソード　　189
基本的生活習慣　　48
逆転移　　62
脚本分析　　136
キャリアカウンセリング　　16
急性ストレス障害　　212
教育相談所　　24
教育測定運動　　14
教育分析　　64
境界性パーソナリティ障害　　224
強化子　　83
共感　　31
共感的理解　　69
協調運動障害　　223
強迫観念　　202
強迫行為　　202
強迫症　　202
強迫性障害　　202
強迫性障害および関連障害群　　186
局所論　　55
拒食症　　216
記録内観　　141
筋弛緩訓練　　89
緊張病性の行動　　189
空間図式　　150
クライエント　　8・24
クライエント中心療法　　68

群指数　　175
軽作業期　　144
形態　　120
傾聴　　31
系統的脱感作法　　89
ゲーム　　136
ゲーム分析　　135
ゲシュタルト　　120
ゲシュタルト心理学　　10・13
ゲシュタルト療法　　120
欠陥・不足　　62
欠如・欠乏　　62
嫌悪刺激　　81
幻覚　　187
言語暗示　　63
言語性IQ　　175
言語理解　　175
言語理解指標　　176
現実原則　　58
現象的場　　70
現存在分析　　19
効果の法則　　11・85
交差的裏面交流　　133
交差的交流　　132
口唇期　　59
構成主義心理学　　10・13
構造化　　30・115
構造分析　　131
構造論　　58
行動主義心理学　　11・13・81
行動主義宣言　　11
行動分析　　87
合同面接　　46
行動理論　　40
広汎性発達障害　　190
肛門期　　59
合理化　　61
合理情動行動療法　　96
合理情動療法　　96

263

合理的信念	96	自己概念	73
交流パターン分析	132	自己構造	71
交流分析	128	自己実現傾向	69
呼吸関連睡眠障害	219	自己懲罰	62
呼吸調整練習	90	自己不一致	71
個人差	15	自己誘発性嘔吐	216・218
固定化された図	122	自己理論	40・71
古典的条件づけ	78	自殺企図	193
ことばのサラダ	188	自傷行為	62
コメディカルスタッフ	240	実験心理学	13
コラージュ・ボックス法	151	実写期	170
コラージュ療法	149	実存分析	19
根拠に基づく医療	112	質問紙法	160
コンサルタント	20	自動思考	104
コンサルティ	20	シナリオ	129
コンサルテーション	18	死の恐怖	143
		自閉	135

■さ行

		自閉症スペクトラム	228
催眠	63	自閉症スペクトラム障害	228
作業検査法	172	自閉スペクトラム症	190
雑談	135	自閉性障害	190
査定	26	社会的再適応評定尺度	235
作動記憶	175	社会的スキル訓練	93
作用主義心理学	13	社会的望ましさ	160
産業カウンセリング	16	社会不安障害	195
産業保険スタッフ	159	社交恐怖	195
三項随伴性	84	社交不安症	195
シェイピング法	88	重感訓練	90
自我	58	醜形恐怖症	201
自我状態	129	重作業期	144
自我状態の分析	131	集中内観	141
自我の出し入れ	129	十分に機能する人間	72
自我の芽生え	58	自由連想法	63
時間の構造化	135	主訴	43・48
嗜癖性障害群	220	守秘義務	28
刺激→生活体→行動	12	受容	69
自己愛性パーソナリティ障害	226	受理会議	42
自己一致	69・71	受理面接	43
自己イメージ	71	純粋さ	69

索引

昇華　62
障害優位　62
条件刺激　81
条件反応　81
状態　129・157
情緒的なサポート　27
衝動抑制　206
情報処理　12
情報的なサポート　27
省略期　170
初回面接　43
職業指導運動　14
食行動障害　216
食行動障害および摂食障害群　186
処理速度　175
処理速度指標　176
自律訓練法　90
白黒思考　106
心因性　57
神経交互作用　143
神経症　202
神経性過食症　216
神経性大食症　216
神経性無食欲症　216
神経性やせ症　216
神経発達障害群　186・227
神経発達症群　186・227
新行動主義心理学　13
真実　69
心身症　202
心身相関　235・245
人生の脚本　129
心臓調整練習　90
心的外傷　206
心的外傷およびストレス因
　関連障害群　186
心的外傷後ストレス障害　207
心的装置　56
人物画法　169

新フロイト派　13
親密　136
信頼関係　50
信頼性　156
心理学的ストレス理論　235
心理検査　156
心理査定　157
心理測定　17
心理療法　6
随伴　83
睡眠 - 覚醒障害群　186
睡眠時随伴症　220
スーパーエゴ　58
スーパーバイザー　34
スーパービジョン　34
スキーマ　104
スキナーボックス　11・83
スクールカウンセラー　24
スコアリング・システム　166
鈴木ビネー式知能検査　175
ストレス　159・234
ストレス因関連障害群　206
ストローク　128
スペクトラム　233
スモールステップ　88
生育歴　49
生活体　12
精神医学　13
精神運動焦燥　193
精神運動性の制止　193
精神衛生運動　16
精神衛生協会　17
精神疾患　182
精神年齢　174
精神分析　54
精神分析学　13・14・54
精神分析療法　54
正の強化　84
生への欲望　143

世界内存在　　124
摂食障害群　　216
絶対臥辱期　　144
セラピスト　　32
セルフコントロール　　5・87・258
セルフモニタリング　　108
前意識　　55
前駆期・残遺期　　189
全検査IQ　　175
漸進的筋弛緩法　　92
戦争神経症　　15
全般性不安症　　199
全般性不安障害　　199
全般的発達遅延　　234
喪失　　62
相談員　　24
躁病　　190
躁病エピソード　　188・189
相補的交流　　132
ソーシャルサポート　　27
ソーシャルスキルトレーニング　　93
素行症群　　206
損傷　　62

■た行
退院準備期　　144
大うつ病性障害　　186
退行　　61
退行体験　　150
代理強化　　86
代理満足　　61
脱感作　　89
妥当性　　156
妥当性尺度　　160
田中ビネー式知能検査　　175
ためこみ症　　204
段階的エクスポージャー　　91
男根期　　59
チェア・テクニック　　125

知覚推理指標　　176
知覚統合　　175
秩序破壊的　　206
知的な枠組み　　33
知的能力障害　　234
知的発達症　　234
知能指数　　174
注意過程　　86
注意欠如・多動症／
　　注意欠如・多動性障害　　183・230
中性刺激　　81
超自我　　58
直接効果　　27
治療仮説　　87
追加尺度　　160
常同運動症　　205
常同運動障害　　205
津守式乳幼児精神発達診断検査　　158
抵抗　　64
ディスクレパンシー　　176
適応障害　　215
適応と不適応　　25
テストバッテリー　　159
転移　　62・64
投影法　　165
動機づけ過程　　86
道具的条件づけ　　78
道具的なサポート　　27
統合失調感情障害　　189・194
統合失調症　　186
統合失調症様障害　　194
動作性IQ　　175
投射　　61
逃避　　61
トークンエコノミー法　　88
特性　　129・157
特性因子理論　　18
ドリームワーク　　125

266

■な行

内因性　　57
内観療法　　140
内的照合枠　　70
内的フラストレーション　　62
内罰的　　62
内部EAP　　255
ナルコレプシー　　219
日常内観　　141
人間性心理学　　12・13
認知行動療法　　12・112
認知心理学　　12
認知の歪み　　104・106
認知療法　　104
抜毛症　　205

■は行

パーソナリティ障害群　　186・223
パーソンセンターアプローチ　　19
パールズ　　120
バーンアウト　　242
背景公式　　90
バウム・テスト　　169
暴露法　　91
箱庭療法　　148
発達論　　59
パニック症　　196
パニック障害　　196
パラフィリア障害群　　206
般化　　81
反響言語　　233
汎適応症候群　　234
反動形成　　61
被暗示的　　227
非言語的コミュニケーション　　4
非合理的信念　　96
非指示的療法　　19
美女と老婆　　121
ヒステリー研究　　63

人型　　170
ビネー式　　174
ヒポコンデリー性基調　　144
肥満恐怖　　216・249
病気不安症　　206
病識　　202
病歴　　49
広場恐怖症　　198
不安階層表　　89
不安症群　　186
不安症群・強迫症および関連症群　　186
風景構成法　　169
腹部温感練習　　90
物質関連障害　　220
物質関連障害および
　　嗜癖性障害群　　186
負の強化　　83
不眠障害　　218
フラッシュバック　　215
フラッディング　　91
プロフィール　　162
文章完成法　　169
分析学　　13
分離不安症　　199・201
並行面接　　46
べき思考　　106
偏差知能指数　　175
ペンシルヴァニア大学　　14
変性意識状態　　63
弁別刺激　　84
防衛機制　　61
報酬　　83
訪問面接　　46
ホームワーク　　109
保持過程　　86
ポジティブフィードバック　　93
補償　　61
ボストン職業局　　16
ホットシート　　125

267

■ま行

マガジン・ピクチャー・
　コラージュ法　　151
まとまりのない会話　　188
未完の行為　　125
身調べ　　140
見立て　　45
実のなる一本の木　　170
無意識　　14・55・165
無条件刺激　　80
無条件の肯定的配慮　　31・69
無条件反応　　80
無罰的　　62
メディカルスタッフ　　240
メンタルヘルス　　128・240
妄想　　187
妄想性障害　　194
妄想様観念　　227
モティベーション　　245
モデリング　　78
森田神経症　　143
森田療法　　143
問題リスト　　108

■や行

痩せ願望　　216
矢田部-ギルフォード性格検査　　162
要求固執　　62
陽性転移　　62
予期憂慮　　199・201
抑圧　　56・61
抑うつエピソード　　188・189
欲求不満　　62

■ら・わ行

来談者中心療法　　6・12・68
来談歴　　50
ライプチッヒ大学　　10
ライン・ケア　　254

ラポール　　50
リアリティショック　　242
力動臨床心理学　　54
力動論　　61
理性感情行動療法　　96
理想化とこき下ろし　　227
リファー　　184
療育歴　　49
リラクセーション法　　90・92
臨床尺度　　160
臨床心理学　　6
臨床心理査定　　26
臨床心理士　　26
臨床心理的地域援助　　26
臨床心理面接　　26
倫理的配慮　　28
ルビンの盃　　122
レスポンデント条件づけ　　78
ロールシャッハテスト　　166
論破・論駁　　98
論理療法　　96
ワーキングメモリー指標　　176
ワークシート　　109

■英数字

ABCシェマ　　97
ACT　　244
ADHD　　183
APA　　185
BDI　　163
BMI　　216
CAT　　167
CBT　　112
Chronological age　　174
Clinical Psychology　　8
Cognitive Behavioral
　Therapy　　112
Counseling Psychology　　8
DSM　　185

DSM-5	*185*		sand play therapy	*148*
EAP	*255*		Schizophrenia	*187*
eternal frame of reference	*71*		SCT	*169*
Evidence	*112*		SDS	*163*
Evidence Based Medicine	*112*		S-R	*81*
FSIQ	*176*		SST	*93*
fully functioning person	*72*		STAI	*163*
here and now experience	*73*		STOPカード	*257*
HTP	*169*		TAT	*167*
ICD	*185*		TEG	*163*
intelligence quotient	*174*		VCI	*176*
IQ	*174*		WAIS	*175*
irrational belief	*96*		WAIS-Ⅲ	*175*
Mental age	*174*		WASC	*175*
MMPI	*160*		WISC-Ⅳ	*175*
P-Fスタディ	*62・167*		WMI	*176*
PRI	*176*		WPPSI	*175*
PSI	*176*		Y-G性格検査	*162*
rational belief	*96*			

■ 著者・監修者紹介 ■

【著者】
山蔦圭輔（やまつた けいすけ）

早稲田大学大学院人間科学研究科博士後期課程修了　博士（人間科学）・臨床心理士　医療機関心理士、スクールカウンセラー、産業能率大学情報マネジメント学部専任講師・准教授などを経て、現在、大妻女子大学人間関係学部准教授。
日本健康心理学会理事。
専門は、臨床心理学、カウンセリング、健康心理学。
主な著作は、『改訂版　心理学・臨床心理学概論』（北樹出版、2011、単著）、『こころの健康を支える臨床心理学』（学研メディカル秀潤社、2012、単著）、『カウンセリングと援助の実際』（北樹出版、2012、編著）、『摂食障害および食行動異常に関する研究』（ナカニシヤ出版、2012、単著）、『社会人のための産業カウンセリング入門』（産業能率大学出版部、2014、共著）など。

【監修】
宮城まり子（みやぎ まりこ）

産能大学経営情報学部、立正大学心理学部を経て、2008年より法政大学キャリアデザイン学部教授、法政大学大学院キャリアデザイン学専攻教授。臨床心理士。
前日本産業カウンセリング学会長（現在は理事）、前日本キャリア教育学会理事。
専門は臨床心理学、産業心理学、生涯発達心理学、キャリアカウンセリング。
主著として、『キャリアカウンセリング』（2002）駿河台出版社、『キャリアサポート』（2004）駿河台出版社、『産業心理学』（2009）培風館、『職場のメンタルヘルス』（2010）駿河台出版社、『7つの心理学』（2014）日本生産性本部出版部
企業のメンタルヘルス支援、キャリア開発支援などの講演・研修を数多く担当し、キャリアコンサルタントの養成やスーパービジョンに関っている。

基礎から学ぶ カウンセリングの理論 〈検印廃止〉

著　者	山蔦　圭輔	
監　修	宮城まり子	
発行者	坂本　清隆	
発行所	産業能率大学出版部	
	東京都世田谷区等々力6-39-15　〒158-8630	
	（電話）03（6432）2536	
	（FAX）03（6432）2537	
	（振替口座）00100-2-112912	

2014年 9月30日　　初版1刷発行
2023年12月15日　　　9刷発行

印刷所・製本所　　渡辺印刷

（落丁・乱丁はお取り替えいたします）　　ISBN 978-4-382-05712-8
無断転載禁止